자연과 공생하는 유토피아

조영준_경북대학교 인문대학 철학과 강의교수

경북대학교 철학과와 동 대학원을 졸업하고, 독일 뮌스터대학교에서 철학, 사회학, 중국학을 공부하였으며, 카셀대학교에서 셸링 자연철학으로 박사학위(2006)를 받았다. 저서로는 *Natur als Subjekt. Schellings Naturphilosophie und ihre ökologische Bedeutung*(Saarbrücken, 2008), 『생태와 대안의 로컬리티』(공저, 2017: 환경부 우수환경도서)가 있고, 주요 논문으로는 「생태위기의 대안으로서 셸링 자연철학」, 「셸링 유기체론의 생태학적 함의」, 「인간과 자연의 통일, 그리고 생태학적 상상력」, 「블로흐의 유토피아론에 대한 자연철학적 고찰」, 「성장지상주의와 탈성장사회」 등이 있다.
제18회 대한철학회 학술상을 받았으며, 현재 생태·환경문제를 사회철학의 관점에서 천착하며 국가와 자본을 극복할 수 있는 생태유토피아를 모색하는『지속 가능한 생태유토피아』(한국연구재단 저술출판지원사업)를 연구과제로 수행하고 있다.

경북대학교 인문교양총서 54
자연과 공생하는 유토피아
- 셸링, 블로흐, 아나키즘의 생태사유

초판 1쇄 인쇄	2022년 8월 24일
초판 1쇄 발행	2022년 9월 8일
지은이	조영준
기 획	경북대학교 인문대학
펴낸이	이대현
편 집	이태곤 권분옥 임애정 강윤경
디자인	안혜진 최선주 이경진
마케팅	박태훈 안현진
펴낸곳	도서출판 역락
출판등록	1999년 4월 19일 제303-2002-000014호
주소	서울시 서초구 동광로 46길 6-6 문창빌딩 2층 (우06589)
전화	02-3409-2060
팩스	02-3409-2059
홈페이지	www.youkrackbooks.com
이메일	youkrack@hanmail.net

ISBN 979-11-6742-356-6 04300
　　　978-89-5556-896-7(세트)

이 책은 2021년 정부재원(경북대학 국립대학육성사업)으로 한국연구재단의 지원을 받아 제작되었습니다.

자연과 공생하는 유토피아
―셸링, 블로흐, 아나키즘의 생태사유

조영준 지음

경북대학교 인문교양총서

054

역락

일러두기

1. 본문(제3~6장)에서 셸링의 인용은 그의 아들이 편집한 셸링전집(F. W. J. v. Schellings sämmtliche Werke, hrsg. von K. F. A. Schelling, I. Abteilung: 1-10 Bände, II. Abteilung: 1-4 Bände, Stuttgart/Augusburg, 1856~1861)에 근거한다. 인용할 때 전집은 SW로 표시되며, 원본의 I, II부/권수와 쪽수만을 기재한다(예시: SW I/2, 56). 그리고 인용문의 굵은 글자는 셸링에 의해 강조된 것이다.

2. 본문(제7장)에서 블로흐의 인용은 『희망의 원리』로 번역되는 그의 주저, *Das Prinzip Hoffnung*(Frankfurt/M: Suhrkamp Verlag, 1977, 4. Auflage)의 약자 PH와 원문의 쪽수로 표시된다(예시: PH, 364). 그리고 인용문의 굵은 글자는 블로흐에 의해 강조된 것이다.

3. 본문에서 전문적인 학술용어는 *로 표시되어 있고(예시: 아나키즘*, 선험적*), 책의 끝 부분 <용어 해설>에서 가나다순으로 배열하여 독자들이 알기 쉽도록 설명하였다.

들어가며

우리는 지금 어디로 가고 있는가?

그들은 자신들이 앉은 나뭇가지를 톱질하기 시작했다.
그리고 어떻게 하면 더 빨리 톱질할 수 있는지
자신들의 경험을 서로에게 큰 소리로 말했다.
그러자 그들은 쿵 하며 아래로 떨어졌다.
그들을 바라보던 이들은 고개를 가로저었다.
그러고는 다시 톱질을 계속했다.

　독일 시인이며 극작가 베르톨트 브레히트(Bertolt Brecht)의 시
「추방(Exil) 3」에 나오는 이 구절은 오늘날 생태위기에 직면한 인
류의 처지를 비유적으로 잘 표현하고 있다. 왜 이성을 가진 존재
로 자부하는 인간이 대파국으로 치닫는 이런 어리석은 행동을 하
는 것일까? 지금 우리는 과연 어디로 가고 있는가? 지구 환경의
위기를 알리는 징후는 점점 뚜렷이 드러나고 있다. 지구온난화로

인한 기후 변화, 수질과 토양 오염, 생물종 감소 등은 이를 잘 증명하고 있으며, 특히 최근 전 세계적인 코로나바이러스 확산 및 체르노빌과 후쿠시마 원전 사고와 같은 환경재해는 얼마나 많은 생명이 한꺼번에 희생될 수 있는지를 잘 보여 준다. 따라서 점차 심화되고 있는 생태위기의 문제는 곧 생명위기의 문제로서 민주, 성장, 분배, 평등 등 전통적 과제보다 더 중요한 21세기 인류의 최대 과제로 대두되고 있다.

아무리 우리가 인공지능(AI) 기술로 상징되는 최첨단의 4차 산업혁명 시대에 살더라도, 문명화된 삶의 토대인 지구의 환경문제 해결 없이는 인류에게 희망이 없어 보인다. 2019년 『타임』지 올해의 인물과 노벨 평화상 후보로 선정된 스웨덴의 10대 환경운동가 그레타 툰베리(Greta Thunberg)의 작은 외침이 전 세계적으로 큰 반향을 일으키듯이, 생태위기의 문제는 지금까지 인류에게 닥친 문제 중 가장 근본적이고 심각한 문제로서 우리는 어떠한 대가를 치르더라도 이에 대한 대책과 해법을 찾아야 한다. 우리가 타고 있는 문명의 호화유람선 '타이타닉' 호가 좌초하지 않기 위해서는 자연보호, 소비절약 등 실천적인 환경운동이 활발해야 하지만, 이에 못지않게 환경문제 해결을 위해서 다양한 연구와 기술개발 등 이론적 접근도 중요하다.

사실 환경공학, 환경정치학, 환경경제학 등 환경문제에 대한 여러 학문적인 접근방식이 있지만, 이들은 문제에 대한 구체적인 기술적, 정치적, 경제적 대응 방안으로서 개별적인 차원에서 문제를 바라보고 접근하는 경향이 있다. 그러나 산업화 과정의 끊임

없는 성장과 개발의 결과인 지구의 환경문제는 너무 복잡하게 얽혀 있어서 무엇보다 총괄적인 차원에서 개별적인 문제들을 전체적으로 바라보고 정당화할 수 있는 통일적인 이론, 즉 생태철학이 필요하다. 지금까지 국내의 많은 연구자가 '환경철학' 또는 '생태철학'이라는 이름으로 철학 논문이나 저서를 출간하였지만, 알고 보면 이는 대부분 환경 또는 생태에 관한 형이상학적 고찰이 아니라 영미권 중심의 '환경윤리학'에 해당한다. 자연에 대한 인간의 태도 문제를 주로 다루는 환경윤리학은 그 유용성에도 불구하고 자연 또는 물질에 대한 심도 있는 형이상학적 연구가 부족하고, 또 환경문제를 사회실천적 차원에서 고찰하는 정치·사회철학적 논의도 아니다.

필자는 이런 배경에서 일반 독자가 환경문제를 좀 더 깊이 있으면서도 사회실천적 차원에서 총괄적으로 이해할 수 있도록 내용을 서술하였다. 따라서 이 책은 생태위기의 원인과 해법을 형이상학적 근거 없이 단지 현상적으로 설명하거나, 그 이론적 쟁점들을 개괄적으로 소개하는 환경이론서와는 다르다. 필자는 근 30년 동안 지구의 환경과 생태위기 문제를 공부하고 그 해결책을 고민하면서 박사학위를 취득하고 여러 저술 작업과 함께 환경단체에서 실천적 활동을 해왔다. 이러한 경험을 통해 체득한 것은 사람들이 환경문제에 대한 자신만의 확고한 가치관과 신념이 없이는 생태위기를 자신의 절박한 문제로 받아들이지 않고 실생활에서 반환경적인 행동을 서슴지 않는다는 사실이다. 따라서 필자가 이 저술을 기획하면서 무엇보다 중시한 점은 사람들이 자연이나 환경문제를 바라볼 때 인식론적인 전환을 할 수 있는 철학적 근거를 제공하자는 생각이었다. 여기서 최선의 출발점이 된 사상은 자연 개념에 있어서 "주체로서의 자연"이라는 새로운 관점을 제시한 '셸링의 자연철학'과 그 연장선에서 인간과 자연을 매개하는 '블로흐의 기술철학' 그리고 환경문제의 실천적 해법으로 국가주의적 패러다임을 비판하며 지역공동체의 자율성을 강조하는 '생태아나키즘'이었다.

특히 셸링의 자연철학은 자연에 대한 풍부한 형이상학적 논의와 생태위기 극복을 위한 탁월한 상상력을 제공하지만, 그동안 한국에서 옳게 연구되지 않았고 이해되지도 않았다. 또 셸링의 충실한 계승자로서 블로흐의 철학도 그의 종교철학을 제외하고, 자연철학과 기술철학은 아직 미개척의 영역에 속한다. 아나키즘* 또한 20세기 후반까지만 하더라도 마르크스주의 운동의 그늘에 가려져 있었지만, 21세기에 접어들면서 전 세계적으로 각광을 받으며 새롭게 부활하고 있다. 특히 국가중심적 산업체제에 따른 심각한 환경파괴의 대안으로 생태아나키즘은 새롭게 조명되고 있으며, 최근 유럽을 중심으로 뜨겁게 논의되는 '탈성장사회론'과도 밀접한 연관성이 있다.

필자는 이러한 맥락에서 책의 주요 내용인 셸링, 블로흐, 아나키즘을 사유의 기반으로 하여 자연에 관해 근원적으로 고찰하면서 생태위기의 문제를 풀어가고자 한다. 따라서 내용 서술의 핵심은 인간을 진보의 중심에 놓는 낡은 틀에서 벗어나 자연과 생태계를 포괄하는 새로운 진보담론으로 나아가기 위해, 셸링의 자연철학과 블로흐의 기술철학 그리고 생태아나키즘을 중심으로 어떻게 인간이 자연과 공생하고 연대할 수 있는지를 살펴보고, 이를 통해 생태적으로 지속 가능한 대안 사회 모델을 모색하는 데 있다. 내용의 주요 구성은 다음과 같다. 1장은 이 책의 서론으로서, 현대문명의 위기를 인류의 절박한 생태위기를 통해 설명하고 그 대안으로 생태학적 세계관으로의 코페르니쿠스적 전환이 필요함을 서술하고 있다. 2장에서는 근대 사회의 세계관을 대표하는 베이컨과 데카르트의 기계론적 자연관이 자연을 지배대상으로 간주함으로써 오늘날의 생태위기에 정신적 원인을 제공하고 있음을 설명한다. 3장~6장은 셸링의 자연철학에 해당하는 부분으로서, 3장에서는 기계론적 자연관에 반하여 자연을 살아있는 주체로 파악하는 셸링의 자연개념을 그 생산성에 주목하여 구체적으로 서술하고, 4장에서는 셸링 유기체 개념의 본질과 특징을 통해 그의 자연관이 오늘날 생태학적 세계관과 상통하는 '유기체적-전체론적 자연관'임을 제시한다. 그리고 5장에서는 셸링에서 '정신과 자연의 동일성' 및 '자유와 자연의 결합'을 통해 인간과 자연이 통일되고 공생할 수 있음을 설명한다. 6장에서는 셸링에서 자연의 주체성 개념이 인간 주체의 좁은 범위를 벗어나 자연 전체의 근저에 놓이는 '근원적 주체성'일 뿐만 아니라 자연 전체로 확장되는 '포괄적 주체성'임을 설명하고, 또 이를 통해 모든 존재의 평등이 실현됨으로 인해 생태위기를 극복할 지평이 열림을 제시한다. 7장은 블로흐의 기술철학에 해당하는 부분으로서, 여기서 그가 실천적 관점에서 인간 주체와 자연 주체를 매개하는 제휴기술을 통해 인간과 자연을 소외시키는 시민주의(자본주의) 기술을 극복하고 양자를 평화롭게 화합할 수 있는 '기술 유토피아'를 제시하고 있음을 서술한다. 8장은 이 책의 결론 부분으로서, 자본주의와 사회주의 산업체제 및 국가주의적 패러다임을 비판하고 새로운 대안 사회를 모색하는데, 여기서 생태아나키즘이 강조하는 '지역성에 근거한 자율적 생태공동체'가 우리가 지향하는 생태유토피아임을 제시한다.

독자들에게 한 가지 당부하고 싶은 사항은 제3장의 3절 '주체로서의 자연'과 4절 '자연의 주체성과 생산성'의 내용이 철학을 전공하지 않은 사람들에게 다소 생소하고 추상적일 수 있으나, 현재의 생태위기를 극복하는데 중요한 사유의 실마리가 되는 부분이므로 정독을 권한다는 것이다. 그리하여 이 작은 책이 환경문제를 자신과 인류의 절박한 문제로 자각하고, 친환경적인 삶을 몸소 실천하는 사람들에게 보이지 않는 사상적 뒷받침과 위안이 될 수 있기를 바란다. 그리고 이 책에서 셸링의 자연철학에 해당하는 제3~6장은 지난 십수 년 동안 여러 학술지에 기고한 논문들을 기초로 하여 논문의 내용을 대중의 눈높이에 맞게 대폭 수정하고 보충하여 재구성한 것임을 밝혀 둔다. 마지막으로 필자의 생태사상 형성과 발전에 많은 영향을 끼친 고 신오현, 김종철 선생님께 감사드린다. 두 분다 공교롭게도 작년과 재작년 연달아 세상을 떠나 이제 더 이상 가르침을 배울 수 없다는 사실에 마음이 아프다. 그리고 40

년 전 필자에게 블로흐를 처음으로 소개하며 사회철학으로 인도해 주신 백승균 선생님과 이 책의 출판을 지원해 준 경북대학교 인문대학에도 고마움을 전한다.

2022년 4월 지구의 날

와룡산에서 조영준

목차

제1장

현대문명의 위기와 생태학적 세계관

"우리가 오랫동안 여행해온 길은 놀라운 진보를
가능케 한 너무도 평안하고 평탄한 고속도로였지
만 그 끝에는 재앙이 기다리고 있다. 아직 가지 않
은 다른 길은 지구의 보호라는 궁극적인 목적지
로 가는 마지막이자 유일한 기회라고 할 수 있다."

-레이첼 카슨, 『침묵의 봄』

약 반세기 전에 출간된 로마클럽*의 보고서 『성장의 한계
(*The Limits to Growth*)』(1972)와 그 속편 『한계를 넘어서(*Beyound the
Limits*)』(1992)는 지구상의 성장이 이제 한계에 도달하였고 지금과
같은 방식으로는 인류의 존속이 더 이상 불가능하다고 경고한 바
있다. 이 진단과 경고 후 선진국을 중심으로 한 여러 환경정책의
변화와 친환경기술의 발달에도 불구하고 오늘날 생태계의 위기
는 여전히 인류의 생존을 위협하는 절박한 문제로 간주되고 있다.
아직 대다수 사람들은 20세기 독일의 사회심리학자 에리히 프롬
(Erich Fromm)이 지적하듯이 '존재(to be)' 양식보다는 '소유(to have)'

로마클럽 보고서 <성장의 한계>

양식을 삶의 목표로 삼아 안락하고 물질적으로 풍요로운 삶과 소비지향적인 생활을 통해 개인의 행복과 정체성을 획득하려고 한다. 그러나 이러한 생활양식은 끊임없는 성장과 개발의 논리를 전제하기 때문에 지구 자원의 무분별한 남용과 지구의 수용능력을 넘어서는 생태위기 현상을 야기하고, 또 다른 한편으로는 개인의 자아상실과 공동체의 해체 등 도덕적 위기를 초래하여 종국에는 인류의 자기 파괴와 절멸이라는 문명의 위기를 가져온다.

환경오염으로 황폐해진 제련소 주변의 산천

자연과 공생하는 유토피아

생태위기의 문제는 정치나 경제의 구조와 단순히 관련되는 것이 아니라, 인간의 사유 방식과 밀접한 관계를 맺고 있다. 따라서 문제 해결을 위해서는 정치적, 경제적, 사회적 조건 등과 더불어 자연에 대한 인간의 관계 및 태도 문제가 심도 있게 다루어져야 한다. 이 점에서 최근 철학 주제로서 자연과 그에 대한 생태철학적 탐구는 현대 실천철학에서 새롭게 조명받고 가치평가 되고 있으며, 또 이를 바탕으로 대안 사회나 공동체의 모델에 대한 다양한 탐색이 진행되고 있다.

생태위기의 근저에는 자연을 인간의 욕구 충족 대상으로 파악하여 그것에 어떠한 고유성을 인정하지 않고 단순히 죽은 물질로 간주하는 기계론적 세계관과 인간을 생태계의 중심으로 생각하는 인간중심적 세계관이 깔려 있다. 따라서 인간이 자연에 대한 인간중심적 사고를 버리지 않는 한, 생태위기의 문제를 해결할 수 있는 돌파구는 찾기 어려워 보인다. 여기에 생태위기의 극복운동이 환경을 관리하고 보호하는 행위의 차원에 머물지 않고, 생활 양식과 가치관의 근본적 변화라는 이념의 차원으로 나아가야 하는 이유가 있다. 그러나 이러한 태도와 가치관의 코페르니쿠스적 전환은 인간이 자연을 바라볼 때 전제되는 형이상학적 문제를 옳게 해명하지 않고서는 논의되기 어렵다. 이 점에서 환경윤리학과 구분되는, 즉 자연에 대한 존재론적 해명을 철저하게 시도할 뿐 아니라 자연에 대한 인간의 태도를 근본적으로 변경시키려는 '생태학적으로 정향된 자연철학'이 성립한다. 특히 프랜시스 베이컨

(Francis Bacon), 르네 데카르트(René Descartes), 임마누엘 칸트(Immanuel Kant), 프리드리히 빌헬름 요셉 셸링(Friedrich Wilhelm Joseph Schelling), 게오르크 빌헬름 프리드리히 헤겔(Georg Wilhelm Friedrich Hegel), 에른스트 블로흐(Ernst Bloch) 등의 서양 근현대철학에서 자연문제는 이러한 자연의 형이상학적 논의를 중심으로 전개된 자연철학 정립의 역사라고 볼 수 있다.

사실 우리가 철학으로부터 기대할 수 있는 것은 공학이나 사회과학에서 논의되는 것처럼 인간을 둘러싼 환경문제에 대한 구체적인 기술적 또는 사회적 대응방안이 아니다. 철학은 본질상 현실적인 문제들에 대한 근원적인 반성과 정초라는 형이상학적인 성격을 띨 수밖에 없기에 그것이 할 수 있는 것은 자연에 대한 직접적 개입이 아니라 자연에 대한 인간의 관점을 변경시키는 것이다. 여기서 우리는 '자연에 대한 과학적이고 객관화된 인식'과 인간 자신이 귀속해 있는 '전체로서의 자연에 대한 통찰' 사이의 대립에 주목할 필요가 있다. 왜냐하면 이러한 두 문제영역의 차이가 발견되지 않고 차이를 매개하는 형식이 추구되지 않는 곳, 즉 자연에 대한 객관화된 입장만이 받아들여져 아무 제지 없이 기술적으로 전환되는 곳에서 우리는 생태위기를 극복할 수 있는 통찰을 얻을 수 없기 때문이다. 따라서 우리의 과제는 근대 이후 전개되어온 기계론적 자연관의 인간과 자연 간의 대립적 관계를 철폐하고 양자의 관계를 근원적으로 새롭게 사유할 수 있는, 즉 오늘날의 생태위기를 극복할 수 있는 사유 모델을 발견하는 데 있다. 이

자연과 공생하는 유토피아

논의의 실마리를 제공하는 역사적으로 등장한 중요 모델로서 우리는 무엇보다도 셸링의 자연철학을 들 수 있다.

오늘날 그의 자연철학이 자연과학을 비롯한 여러 영역에서 아직 현실성을 지닐 수 있는지에 대해 전문가 사이의 논쟁이 분분하지만, 최소한 생태위기의 대안 모색이라는 관점에서 우리에게 많은 시사점을 준다는 점은 부정할 수 없다. 이런 맥락에서 셸링은 약 200년 전 인간의 주체성을 절대화하는 사고방식의 위험에 주목하고 자연에 고유한 가치와 주체성을 부여한 서양 최초이자 유일한 사상가로서 평가되고 있다. 따라서 셸링이 한동안 철학사에서 잊혀진 후 최근에 다시 그의 철학에 대한 관심이 고조되고 새롭게 재평가되는 것은 놀라운 일이 아니다.

셸링의 자연철학은 생태위기에 책임이 있는 근대 과학의 기계론적 자연관의 대안으로서 이 시대의 문제를 풀어갈 풍부한 생태학적 상상력을 제공한다. 그는 기계론적 자연관에 반하여 자연을 하나의 살아있는 주체이자 거대한 유기체로 파악함으로써, 인간과 자연을 화해하고 통일할 수 있는 새로운 사유 모델을 제시하고 있다. 또 셸링철학의 충실한 후계자로서 블로흐는 이러한 자연관을 적극적으로 수용하여 인간과 자연이 공생하고 연대할 수 있는 '제휴기술'과 '기술 유토피아'를 사회 실천적으로 제시함으로써, 오늘날 생태위기의 시대에 셸링과 더불어 새롭게 주목받고 있다. 이렇게 독창적인 셸링과 블로흐의 사유들을 발전적으로 결합하는 차원에서, 우리가 산업자본주의를 대체할 새로운 문명을 찾는 작업은 궁극적으로 인간 해방 및 인간과 자연의 화합을 한데 묶는 이념에서 출발해야 할 것이다.

이 책의 주요 내용은 먼저 생태위기의 초래에 정신적 원인을 제공하는 근대 기계론적 자연관의 특징을 출발점으로 하여, 이에 맞서는 생태학적 패러다임으로서 유기체적-전체론적 자연관과 유기체 원리에서 도출되는 자연과의 공생 가능성을 셸링의 자연철학을 통해 중점적으로 살펴본 후, 다음으로 시민주의(자본주의) 기술의 대안으로 제시되는 블로흐의 제휴기술과 기술 유토피아 문제를 현실 사회적 맥락에서 검토하고, 끝으로 이에 대한 비판적인 관점에서 소규모 자율적 공동체를 지향하는 생태유토피아를 탐색하는 과정으로 구성된다.

제2장

근대적 자연이해: 자연에 대한 지배

"베이컨은 꿈을 꾸었다.
우리가 말했듯이, 그 꿈은
이제 악몽으로 드러났다."

-패스모어

1. 베이컨과 과학기술 유토피아

그리스 신화에는 제우스(Zeus)가 인류에게 하늘의 불을 훔쳐다 준 프로메테우스(Prometheus)에게 독수리가 그의 간을 쪼아 먹게 하고, 인류에게는 '판도라의 상자(Pandora's box)' 사건으로 재앙이 찾아오게 하는 벌을 내린다는 이야기가 등장한다. 이 유명한 신화는 유사 이래 과학기술문명의 빛과 그림자를 상징하는 적절한 예로 손색이 없다. 사실 고대에서 인간이 자연과의 관계에서 주도권을 쥘 수 있었던 절대적 요인은 불의 사용이었다. 인간은 프로메테우스가 전해준 불 덕분에 몸을 따뜻하게 하여 추운 지방에서도 살 수 있었으며, 또 요리를 하고 도구를 제작하는 등 자연을 극복하는 방안을 마련할 수 있었다. 특히 불로 무기를 만들고 각종 기

존 윌리엄스 워터하우스, <판도라>

술을 개발하여 다른 동물을 비롯한 자연을 정복하게 됨으로써 자연에 대해 우위를 차지할 수 있었다. 여기서 하늘의 불은 긍정적인 것으로 '빛'을 상징하며, 인간이 신의 지식을 얻어 세계를 인식하고 변화시킬 수 있는 능력을 의미한다. 한편, 이 신화에서 프로메테우스의 행위에 분노한 제우스가 인간에 대한 벌로서 판도라의 상자를 통해 유포한 온갖 고통과 악, 각종 질병 등은 과연 무엇을 의미하는가? 이것은 부정적인 것으로 '그림자'를 상징하며 인류에게 찾아온 재앙을 의미한다고 하겠다. 우리가 프로메테우스

자연과 공생하는 유토피아

신화를 통해 유추할 수 있듯이, 근대 과학기술이 인간을 해방하는 동시에 파괴하는 능력을 지니고 있음을 부정할 수 없다. 따라서 서구 근대 과학과 기술의 본질적 특성 및 이를 바탕으로 진행된 산업화에 대한 정확한 인식 없이는 오늘날 인간을 포함한 자연의 파괴와 환경오염의 근원적 원인을 규명하기 어렵다.

지금은 과도한 성장으로 인한 생태위기의 문제가 부각되고 있지만, 한때 인간의 무한한 발전과 번영을 가능하게 한 것은 근대의 과학적 세계관과 이에 기초한 산업문명이다. 이 과학적 세계관은 철학에서 베이컨, 토마스 홉스(Thomas Hobbes), 데카르트 등에 의해, 자연과학에서는 갈릴레오 갈릴레이(Galileo Galilei), 요하네스 케플러(Johannes Kepler), 아이작 뉴턴(Isaac Newton) 등에 의해 대변되고 있다. 이들 중 우리의 철학적 논의에서 주목을 받는 사상가는 누구보다도 베이컨과 데카르트이다.

영국의 철학자이자 정치가 베이컨은 사회 구성원들의 재화 증대를 통해 인류의 삶을 개선하려는 근대 사회 진보의 대표적 기획자로서 근대 산업문명의 기본 틀을 형성하는데 큰 기여를 한다. 그는 계몽주의적 기획 아래 과학과 기술 그리고 수량경제 등 전반적 측면에서 근대의 중요한 지적 설계를 한다. 특히 인류 삶의 개선 기획과 과학 발전의 의식적인 결합을 통해, 논쟁을 일삼는 지식일 뿐 생활 향상에 어떤 실질적 효과도 주지 못하는 고대 그리스철학과 중세 스콜라철학은 진정한 자연철학이 아니라고 비판한다. 이런 관점에서 그는 플라톤(Platon)의 자연철학을 형이상학적 가설에 기초한 신학적 논의로, 아리스토텔레스(Aristoteles)의 자연철학을 삼단논법이라는 형식논리에 오염된 알맹이 없는 논의로 간주하면서 혹평하고 있다.

> 순수한 자연철학은 아직 나오지 않았다. 지금 있는 자연철학은 온통 불순물로 오염되어 있다. 아리스토텔레스 학파의 자연철학은 논리학에 오염되어 있고, 플라톤 학파의 자연철학은 자연신학에 오염되어 있다.(베이컨, 2001: 108)

또한 베이컨은 스콜라주의 학자들의 퇴행성을 비판하면서, 예리한 기지를 가진 그들이 수도원과 대학의 골방에서 많은 여가를 누렸지만, 자연의 역사나 물질에 대해서는 아는 바가 없었을 정도로 인간 삶에 유익한 학문을 하지 않았다고 주장한다.

> 그들에게는 예리하고 강한 기지가 있었고, 여가시간은 풍부한 대신 읽을거리는 많지 않았지만, 그들의 기지는 극소수의 권위 있는 저자, 특히 독재자 아리스토텔레스라는 골방에 갇혀 있었다. 그들의 육신이 수도원과 대학의 골방에 갇혀 있었듯이 말이다. 이로 인해 그들은 자연사든 시대사든 역사에 대해서는 문외한이었다. 얼마 되지 않는 내용에다가 그들의 기지를 무한정 쏟아부어 공든 거미집을 지은 것이 그들이 일한 전부였다. 그들의 책을 채우고 있는 것

은 그런 거미집뿐이다. 무릇 인간의 기지며 정신은, 내용에 의존하여 일할 때, 즉 하나님의 피조물에 대한 명상을 향할 때, 비로소 대상물(stuff)에 맞추어 작업할 수도 있고 대상물에 의해 제한될 수도 있는 법이다. 반면에 인간의 기지와 정신이 마치 거미가 집 짓듯이 스스로에만 의지하여 작업한다면, 여기에는 결실이 있을 수 없다. 단지 학문의 거미집을 지을 수 있을 뿐인즉, 그 실과 작품의 세련됨은 경탄할 만한 것이지만, 실질이나 유익을 기대할 수는 없다.(베이컨, 2002b: 56-57)

따라서 그는 고대나 중세의 자연철학을 통해서는 올바른 학문의 진보가 이루어질 수 없다면서 이론과 실제 운용, 지식과 그 효용성, 앎과 생산의 일치를 강조한다. 이런 관점에서 베이컨은 자신의 과학기술 유토피아 구상을 구체적으로 묘사한 소설『새로운 아틀란티스(*New Atlantis*)』(1626)에서 과학적 지식의 발달에 따른 인간 생활의 개선을 서술하면서, 그곳 학자들은 의학이나 농학 등 자연 연구에 몰두해 실질적으로 인류에게 도움이 되는 발견이나 발명에 전념한다고 설명한다. 이렇게 "인류 전체의 보편적 이익과 효용을 위해 이성이라는 선물을 참되게 발휘"(베이컨, 2002b: 78-79)하게 하여 인간의 삶에 유익한 것을 만들고, 또 이를 통해 삶이 실제로 윤택해질 때, 지식은 참된 가치를 획득하게 되는 것이다. 따라서 모든 지식은 인류복지에 공헌해야 한다는 베이컨의 기본

근대 사회 진보의 대표적 기획자, 베이컨

관점에서 볼 때, 그의 사상에는 '실험주의'와 '지식의 효용성', '지식에 의한 자연 지배력', 그리고 '박애'가 모두 불가분의 요소를 이룬다고 하겠다.

한편, 베이컨은 기존의 학문적 전통(연역법)과 완전히 결별하는 학문의 새로운 방법으로서 귀납법을 제창한다. 그는 귀납법을 실험과 관찰, 즉 자연에서 직접 진리를 구하는 방식을 통해 보편적 진리에 도달하는 방법으로 간주한다. 왜냐하면 이것은 인간과 자연을 완전히 분리시키고 관찰자와 관찰대상 사이의 완전한 중립을 가능케 함으로써 우리에게 객관적인 지식을 가져다주기 때문이다. 이런 맥락에서 베이컨은 우리가 참된 귀납법을 통해 자연에서 발생하는 일과 사태들의 원인을 알게 되면, 그 지식을 이용해 자연을 통제하고 조종할 수 있다고 설명한다.

우리 학술원의 목적은 사물의 숨겨진 원인과 작용을 탐구하는 데 있습니다. 그럼으로써 인간 활동의 영역을 넓히며 인간의 목적에 맞게 사물을 변화시키는 것입니다.(베이컨, 2002a: 72)

인간은 자연의 사용자 및 자연의 해석자로서 자연의 질
서에 대해 실제로 관찰하고, 고찰한 것만큼 무엇인가를 할
수 있으며 이해할 수 있다. [⋯] 인간의 지식이 곧 인간의 힘
이다. 원인을 밝히지 못하면 어떤 효과도 낼 수 없다. 자연
은 오로지 복종함으로써만 복종시킬 수 있기 때문이다. 자
연의 고찰에서 원인으로 인정되는 것이 작업에서는 규칙의
역할을 한다.(베이컨, 2001: 39)

베이컨의 유명한 격언 '인간의 지식이 곧 인간의 힘이다
(knowledge is power)'에서 '지식'은 자연과학적 지식을 지칭하고, '힘'
이란 자연을 변화시킬 수 있는 능력을 의미한다. 이처럼 베이컨은
과학을 탐구하는 진정한 목적이 자연에서 많은 비밀을 찾아내어
'자연에 대한 인간의 지배'를 확립하는 데 있다고 봄으로써, 자연
을 인간의 부와 복지를 위해 마음껏 이용할 수 있는 대상으로 간
주한다. 따라서 자연은 인간을 위해 존재하므로 자연을 지배하려
는 과학적 행위에는 양심의 거리낌이나 가책이 있을 수 없다. 우
리는 베이컨에서 지식의 존귀성이 유용성과 지배력의 작용으로
유지되며, 지배의 원리는 유용성을 위해 지식과 힘이 합일되는 것
임을 알 수 있다. 여기서 과학적 지식과 기술에 의한 자연지배 현
상이 정식화되고, 자연에 대한 기술지향주의적 접근의 전형화가
드러난다.
또한 베이컨은 "자연에 대한 인간의 지배권은 오직 기술과 학

문에 달려 있다."(베이컨, 2001: 137)고 언급하면서, 인간은 자연에서 새로운 발견을 하고 그것을 기술로 구현할 때 자연을 지배하는 힘을 갖는다고 주장한다. "모든 학문의 위대한 어머니"(베이컨, 2001: 87)이며, 이론적 탐구(자연과학)와 실천적 활용(기술)이 분리될 수 없는 베이컨의 자연철학에서 기술이 배제된다면 자연에 대한 탐구는 쓸모가 없게 된다. 여기서 우리는 자연을 변형하고 개조하는 기술의 발전을 통해 자연에 대한 지배력과 함께 인간의 힘과 존엄성을 확보하려는 베이컨의 과학기술 유토피아를 발견한다.

우리가 베이컨의 자연지배 담론에서 빠뜨릴 수 없는 또 한 가지는 그의 미완성 유고 『시간의 남성적 탄생(The Masculine Birth of Time)』(1603)에서 등장하는 '박애(philanthropy)'라는 개념이다. 박애는 베이컨에 있어서 단적으로 인간중심적인 개념으로, 우선적으로 하느님에 대한 숭배를, 나아가서는 기독교적 의무와 자선 행위의 실행을 의미한다. 그는 성경의 "하나님이 그들에게 복을 주시며 하나님이 그들에게 이르시되 생육하고 번성하여 땅에 충만하라, 땅을 정복하라, 바다의 물고기와 하늘의 새와 땅에 움직이는 모든 생물을 다스리라 하시니라."(「창세기」 1장 28절)는 구절처럼, 하나님의 말씀에 따라 자연에 대한 인간의 절대적 지식과 지배를 정당화하면서 박애 개념을 도출해 내고 있다. 여기서 박애란 곤경에 처한 인류를 구제하려는 고상한 목적을 위해 인간이 생명 없는 물질 덩어리에 불과한 자연을 마음대로 개발하고 이용하는 것을 뜻한다. 이 점에서 자연은 신에게서 영성을 부여받은 인간이라

자연과 공생하는 유토피아

는 대리자에 의해 다스려지고 관리되는 부차적 존재로 파악된다. 베이컨에 따르면 신의 창조물 가운데 정점에 있는 인간이 신성시되는 데 반해, 자연은 신성하지 않은 것으로 간주되어, 결국 인간에 의해 지배받고 파괴될 수 있는 하찮은 존재로 전락할 수 있다.

　한편, 베이컨의 자연지배 담론에는 당대의 가부장제라는 하나의 사회적 지배관계가 투사되어 있음이 발견된다. 창조주의 자연지배에 대한 인간의 동참에서 인간은 이성을 보유한 지배주체인 남성으로서, 자연은 지배대상인 여성, 즉 남성의 노예로서 유추되고 있다: "자연과 그녀[자연]의 모든 자녀들을 시종과 노예가 되도록 그대에게 인도함으로써 나는 바로 진리에 도달하였다."(Bacon, 1966: 62; [ ]안 글쓴이) 지식의 획득과 축적이 이성의 안내에 따라 이루어지듯이, 베이컨은 사회의 진보를 남성적인 합리성의 원리에 근거해서 설명한다. 자연은 계속해서 고문하고 겁탈해야만 비밀을 토해내는 마녀와 같아서 이성적이고 남성적인 것으로서의 진보 프로그램에 따라 개발돼야 한다는 것이다. 이제 자연은 지배계급인 남성의 복지 증진을 위해 조절되고 통제되는 대상일 뿐이다. 여기서 우리는 인류의 삶을 개선하기 위해 자연을 완벽하게 통제한다는 베이컨의 자연지배사상이 가부장적인 남성의 이익증대를 위한 특수한 지배이데올로기로 전화됨을 확인할 수 있다.[01]

2. 데카르트의 기계론적 자연관

베이컨의 자연에 대한 견해에서 알 수 있듯이, 주체로서의 인간과 객체로서의 자연을 나누는 이분법 및 이에 근거한 자연지배 사상은 17세기 프랑스의 철학자 데카르트에서도 발견된다. 인간과 자연을 대립적으로 파악하는 근대의 기계론적 자연이해는 특히 데카르트의 자연개념에서 전형적으로 나타난다. 주체성의 새로운 형식을 통해 근대철학의 새 지평을 연 데카르트는 '방법적 회의'라는 자신의 고유한 철학적 방법을 통해 외부 대상 세계로부터 해방된 사유하는 자아를 모든 확실성의 근거이자 출발점으로 삼아, 여기서 세계를 '사유(思惟, res cogitans)'를 속성으로 하는 정신적 실체와 '연장(延長, res extensa)'을 속성으로 하는 물질적 실체로 구분한다. 그리고 이 두 실체는 속성상 서로 독립적인 세계를 형성하기 때문에 양자 사이에는 엄격한 존재론적 구별이 존재한다. 다시 말해 정신은 물체로부터 파생되는 것이 아니고, 물체도 정신으로부터 파생되는 것이 아니다. 이 이원론적 입장에서 데카르트는 자연과학을 수학적 원리를 통해 설명되는 연장의 세계에 국한하고, 연장 속성을 지닌 물체, 즉 자연을 순수 수학의 대상으로 규정한다. 수학적 원리를 통해 자연을 이해하는 이러한 기계론적 자연관은 처음 갈릴레이에 의해 시도되었지만, 데카르트에 의해 그 기본 방향이 확정되고 그 후 뉴턴에 이르러 더욱 강화된다. 특히 정신과 물체의 이원론에 근거해 자연을 물체의 운동법칙에 따르는 기계로 파악하는 데카르트의 기계론적 자연관은 근대 기계론적 자연이해의 전형적인 형태이다.

근대 기계론적 자연관의 확립자, 데카르트

데카르트처럼 자연을 연장이라는 기하학적 관념에 귀속시키고 인간을 사유하는 존재로만 파악한다면, 이것은 결국 인간과 자연 양자에 적대적 상황을 초래하게 된다. 그는 인간의 주체성을 정당화하려는 의도로 정신과 신체를 대립시켜 신체를 포함한 물질세계를 '탈정신화'한다. 다시 말해 스스로 성찰할 수 있는 나 자신 이외의 물질세계에 어떠한 정신적 원리나 목적을 부여하지 않는다. 사실 데카르트는 "자연물들과 관련해서 우리는 결코 신이나 자연이 그것을 창조하는 데 세운 목적으로부터 설명을 취하지 않을 것"(데카르트, 2002: 28)이라고 말하면서, 자연의 모든 개별적 존재의 질서와 운동에 '내재적 목적인'이 있다는 아리스토텔레스의 견해를 거부한다. 즉 물질세계에서 고유한 '형상(形相, eidos)'이나 '본질'을 제거함으로써, 생명이 없는 물체인 자연에 어떤 목적이나 의미를 부여하지 않는 것이다.

데카르트에 의하면 물체 내부에 스스로 운동하는 원인이 없으므로, 물체란 자신의 힘이 아닌 다른 물체의 작용으로 움직인다. 그의 설명을 들어보자.

내가 만일 물체의 본성에 대해 생각하고 있는 대로 기술했다면, 나는 아마 물체란 […] 스스로 운동하지 않지만 다른 사물과 접촉함으로써 다양한 방식으로 운동하는 것이라고 설명했을 것이다. 왜냐하면 스스로 운동하는 힘은 감각하는 힘이나 사유하는 힘과 마찬가지로 물체의 본성에는 결코 속하지 않는다고 판단했기 때문이다.(데카르트, 1997b: 45-46)

이렇게 물체 운동을 결정론적 인과율에 따라 파악하는 기계론에서는 생명체와 비생명체, 유기체와 무기체의 구별이 더 이상 유효하지 않다. 이는 살아 있는 것이든 죽어 있는 것이든 모든 자연적 사물은 크기·모양·운동이라는 물질적 단위의 조직체이고, 이 조직체는 기계를 움직이는 동일한 법칙에 따라 설명될 수 있음을 의미한다. 이런 맥락에서 데카르트는 인간 이외의 모든 생물이 정신을 갖지 않는 자동기계에 불과하다고 말한다.

오히려 동물은 정신을 전혀 갖지 않고 있고, 기관의 배치에 따라 작동하는 것이 바로 그의 자연[본능]이며, 이는 바퀴와 태엽만으로 만들어진 시계가 우리의 모든 능력 이상으로 정확하게 시간을 헤아리고 때를 측정하는 것과 마찬가지이다.(데카르트, 1997a: 216; [ ]안 글쓴이)

이처럼 동물에는 정신이 존재하지 아니하며 인간만이 그것을 소유한다고 주장하면서, 데카르트는 심신이원론의 입장에서 정신(영혼)과 신체(물체)의 실재적 상이성을 다음과 같이 증명하고 있다.

> 내가 처음으로 깨달은 것은 정신과 신체 사이에는 큰 차이가 있다는 점이다. 즉 물체는 본성상 언제나 가분적인 데 비해, 정신은 전적으로 불가분적이다. 실제로 내가 정신을, 즉 오직 사유하는 것인 한에서의 나 자신을 살펴보면, 나는 이때 그 어떤 부분도 구별해 낼 수 없으며, 오히려 나를 완전히 하나이자 통합된 것으로 이해하기 때문이다. 그리고 또 내가 알고 있는 바로는, 정신 전체가 신체 전체와 결합되어 있는 것처럼 보이지만, 발이나 팔, 그 밖에 다른 신체 부분을 잘라 냈다고 해서 정신으로부터 어떤 것이 제거되는 것은 아니다. […] 이에 비해 부분으로 나누어질 수 없고, 따라서 가분적인 것으로 인식할 수 없는 그 어떤 물질적인, 즉 연장적인 사물을 나는 생각할 수 없다. 이 한 가지만으로도 정신은 신체와 완전히 다른 것임이 충분히 드러난다고 말할 수 있다.(데카르트, 1997b: 117)

이런 이원론적 사고에 의해 인간의 신체를 포함한 자연이 정신적 존재로서의 인간과 분리되어 단지 물질적 사물로 간주될 때,

자연은 예전처럼 어떤 생명이 있는 존재가 아니라 인간에 의해 수량화 가능한 수동적인 존재가 된다. 이렇게 자연은 내적 세계를 상실하고 오직 수학적 방법을 통해 기계론적으로 이해됨으로써, 자신의 주체성과 고유한 가치를 박탈당하고 인간에 의해 조작 가능한 존재로 전락하고 마는 것이다.

사실 데카르트가 기계론적 자연관을 제시한 것은 베이컨처럼 그 당시 유럽 사회의 시대적 혼란과 불안을 극복하고 인류의 전체적 행복을 도모할 목적으로 자연의 운행과정, 즉 "불, 물, 공기, 별, 하늘 및 우리 주변에 있는 모든 물체의 힘과 작용을 -마치 우리가 우리 장인의 온갖 기교를 알듯이- 판명하게 앎으로써 장인처럼 이 모든 것을 적절한 곳에 사용"(데카르트, 1997a: 220)하기 위해서였다. 그러나 이러한 인간중심주의 사고방식은 그 유용성에도 불구하고 자연에 대한 무한한 개발과 착취를 가능하게 함으로써 오늘날의 환경문제와 생태위기를 초래한 출발점이 되었다는 점을 부인할 수 없다. 결국 데카르트에서 연장을 속성으로 지닌 자연은 주체성이 결여된 존재로, 사유를 본질로 하는 인간은 자연을 이용하고 지배할 수 있는 "자연의 주인이자 소유자"(데카르트, 1997a: 220)로 간주됨으로써, 양자 사이에는 지배와 피지배의 관계가 성립하고 공생과 연대의 가능성은 사라진다. 이처럼 사유와 연장의 이원론에 근거하여 인간과 자연을 대립적으로 바라보는 데카르트의 자연관은 "현대 자연과학에 필수불가결한 기계론적 유물론*을 형이상학적으로 정당화시키는 일"(요나스, 2001: 121)을 했을 뿐만 아니라, 베이컨의 자연관에서 드러나듯이 인간은 주체(목적)이고 자연은 객체(수단)라는 전형적인 인간중심주의가 그 뿌리를 내리는데 철학적 근거를 제공했다고 할 수 있다.

한편 자연에 대한 지배를 함축하는 기계론적 자연관에서 우리는 권력과 질서가 중요한 가치로서 작용함을 알 수 있다. 자연 지배는 작동자로서의 인간에 대한 의존, 관리자로서의 인간과 권력에 대한 강조, 진보와 발전의 기준으로서의 질서와 합리성에 대한 강조에 기반한다. 여기서 시스템의 효율적인 작동을 위해 권력의 합리적 배치 및 통제와 연결되는 기계론적 틀은 자연과 사회에 대한 관리를 가능하게 한다.[02] 따라서 우리는 자연에 대한 지배가 이제 인간과 사회에 대한 지배와 억압으로 전환됨을 알 수 있고, 여기서 기계론으로 대표되는 근대적 자연이해의 이차적인 문제를 발견한다.

■ **프랜시스 베이컨**(Francis Bacon, 1561~1626)

영국의 철학자이자 정치가. 영국 경험론의 시조이며, 데카르트와 함께 근대철학의 개척자로 평가받는다. 케임브리지 대학교 트리니티 칼리지에서 수학하였고 변호사, 하원 의원, 차장 검사, 법무부장관 등을 거쳐 1618년에 대법관이 되었다. 1621년 뇌물 사건을 일으켜 명예도 지위도 빼앗겼으나, 이듬해 특별사면되었다. 그 후 공직에서 물러나 연구와 저술에 몰두하였다.

그는 종래의 스콜라적 편견인 '우상'을 배척하고 새로운 과학과 기술의 진보에 어울리는 새로운 인식 방법을 제창하였으며, 실험에 기초한 귀납법적 연구 방법을 주장했다. 바른 지식을 가지기 위해서는 경험과 관찰을 중히 여기는 경험론이 필요하다고 생각했으며, 사물을 하나하나 확인하여 마지막으로 근본 원리를 찾아내는 방법, 곧 귀납법이 가장 바른 학문의 방법이라고 하였다. 우리는 감각이 경험하는 바대로 세계를 사고하고 점진적으로 상향하여 가장 일반적인 공리에 도달할 수 있다고 여기는데, 이는 어떤 사건의 연쇄가 과거에 항상 일어났다면 그것이 미래에도 일어날 것이라는 가정으로 귀납법을 타당하게 만드는 토대가 된다. 철학은 인간의 행복을 위해서만 이용되어야 한다고 생각한 베이컨은 과학의 모든 부분, 특히 자연과학 연구의 토대를 마련해 주었다. "인간의 지식이 곧 인간의 힘"이라는 유명한 말은 그의 태도를 잘 나타내고 있다. 저서에는 『수상록』(1597), 『학문의 진보』(1605), 『신기관』(1620), 『새로운 아틀란티스』(1626) 등이 있다.

■ 르네 데카르트(René Descartes, 1596~1650)

'근대철학의 아버지'라고 불리는 프랑스의 철학자, 수학자, 과학자. 뚜렌느에서 태어나 예수회 학교를 졸업하고 파리에 잠시 머물다 군에 입대해 1619년 겨울 병영에서 『방법서설』에 묘사된 '사유하는 자아'의 명확성에 관한 철학적 확신에 이르렀다. 데카르트는 방법적 회의를 통해 "나는 생각한다. 고로 존재한다"는 것이 모든 것을 의심하더라도 더이상 의심할 수 없는 진리라고 확신하고, 이를 모든 학문의 제1 원리로 정립했다. 이어서 그는 제1 원리를 기반으로 하여 다시 신 존재를 증명해내고, 이를 다시 물질세계의 진리성을 확보하기 위한 발판으로 마련해, 마침내 자연과학적 방법으로 물질세계의 확실한 진리를 찾을 수 있다는 논리적 근거를 제시했다. 그리고 물질세계에서 우리가 확신할 수 있는 것은 '그 물질이 특정한 공간을 차지한다'는 사실이고, 이로써 물질세계는 수학적으로 계산 가능한 공간이므로 인간은 자연을 지배할 수 있다고 주장했다. 그의 철학적 방법론은 이후 근대 자연과학과 수학의 급격한 발전을 가져왔다.

데카르트의 형이상학이 구체화된 저서는 『방법서설』(1637)이고, 이것이 큰 반향과 함께 비판을 불러일으키자 이에 대한 대응으로 자신의 대표작 『성찰』(1641)을 발표했다. 『성찰』을 통해서 유럽 지성계에 지도적 위치에 서자 그는 자신의 학문체계 전체를 포괄하는 『철학의 원리』(1644)를 출간했다. 1640년대 후반기에는 윤리학과 심리학에 몰두하여 『정념론』(1649)을 저술했다. 이것이 출간되자 스웨덴 크리스티나 여왕의 철학교사로 초빙을 받아 스톡홀름으로 갔으나, 평소 늦잠을 즐기던 데카르트는 새벽 5시에 여왕을 만나는 고된 일정에 고생하다가 북구의 차가운 안개를 이기지 못해 결국 54세에 폐렴으로 사망했다.

제3장

주체로서의 자연이해:
셸링의 자연철학

> "자연은 그 실재성을 스스로 가진
> 다. […] 자연은 스스로 조직화되고,
> 또 스스로 조직화하는 전체이다."
>
> - 셸링, 『자연철학 체계의 제1기획』

1. 기계론적 자연관 비판

사실 인간에게 자연으로부터 자유로운 측면과 자연에 의존하는 측면이 있듯이, 자연에도 기계적인 측면과 유기체적인 측면이 함께 있다. 만일 자연에 기계적인 측면이 없다면, 인간은 기계론적 자연관에 따른 자연 지배로 인해 자연으로부터 좀 더 자유로워지는 것이 불가능할 뿐만 아니라, 물질적 풍요를 누릴 수도 없을 것이다. 그런데 근대 과학은 이 두 측면 중에서 자연의 기계적인 측면을 중시하고 유기체적인 측면을 무시함으로써, 자연을 수학화하고 양화(量化)하여 자연의 질적인 요소를 배제하는 결과를 초래하였다. 따라서 자연은 내재적 원리에 따라 스스로 활동하는 생명체가 아니라 일정한 역학적 법칙에 따라 생기 없이 작동하는 죽은 물질로 전락하고 말았다. 이렇게 자연이 죽은 것으로 간주된다면 죽은 자연에 대한 인간의 정복과 착취는 아무 양심의 거리낌 없이 정당화되어 결국 무차별적인 자연파괴와 환경오염이라는 생태학적 위기를 가져오는 것이다. 자연파괴에 대한 근대 과학의 불감증은 여기에 그 뿌리가 있으며 이에 대한 반성으로 지금까지 대안적인 자연관들이 철학사적 맥락에서 다양하게 모색되어 왔다.

정신으로서의 인간과 물체로서의 자연을 구분하는 데카르트의 이원론은 바로 뒤에 등장한 17세기 네덜란드의 철학자 스피노자(Baruch Spinoza)에 의해 인간과 자연의 새로운 관계 정립으로 이어진다. 이것은 데카르트가 정신과 물체를 독립적인 '실체(實體, substantia)'로 규정하면서 서로 간의 근원적인 관계를 충분히 설명하지 못했다는 철학적 반성에서 나온 것이다. 스피노자는 정신과 물체를 일원론적으로 한 실체의 두 '양태(樣態, modus)'로 파악하면서 인간과 자연의 이원론적 대립을 극복한다. 사실 근대 독일철학은 기계론적 자연관이 근대 과학과 문화를 지배하고 있는 가운데서도 인간과 자연, 정신과 물질, 주체와 객체라는 이원론적 대립구조를 극복하려는 일련의 끊임없는 시도라고 해도 과언이 아니다.

특히 근대 독일의 철학자 고트프리트 빌헬름 라이프니츠(Gottfried Wilhelm Leibniz), 셸링, 헤겔은 데카르트주의의 기계론적 자연관에 맞서 의미심장한 철학적 시도를 감행한다. 이들은 자연을 인간과 대립시키지 않고, 자연에 고유한 존엄성과 주체성을 부

자연과 공생하는 유토피아

여한다. 정신적 실재이며 불가분의 최소 단위인 '모나드(Monade, 單子)'를 우주 생명활동의 원리로 간주한 라이프니츠는 외부 대상의 내면세계를 직접적으로 경험할 수 없다는 사실로부터 데카르트와는 정반대의 결론을 도출한다. 그는 활동하는 것만이 참된 존재라고 주장하면서 자연을 포함한 존재자들을 정신화하고, 그들의 내면세계 존재를 인정한다. 여기서 더 나아가 셸링은 자연 자체의 고유한 생산성에 주목하면서 자연에 내적 본질인 주체성을 부여하고, 헤겔은 자연을 정신의 '타재(他在, Anderssein)' 형식 속에서 파악하면서 정신의 발전과정에서 인간을 매개로 한 자연과의 화해를 강조한다. 이것들은 모두 인간과 자연의 대립을 극복하려는 시도로써, 그 발전적 형태가 현대에서는 인간 주체와 자연 주체가 매개된 상태에서 이루어지는 '공동생산성(Mitproduktivität)'과 '제휴기술(Allianztechnik)' 개념을 제시한 독일의 마르크스주의 철학자 블로흐에서 잘 나타난다.

　독일관념론의 대표자 셸링은 서양 철학사에서 어느 누구보다도 인간의 주체성을 절대화하는 사고방식의 위험에 주목하고 자연에 고유한 가치와 주체성을 부여한 사상가로서 오늘날 생태위기의 시대에 새롭게 주목받고 있다. 그는 근대적 자연관의 한계를 뛰어넘는 탁월한 안목을 가지고 인간과 자연을 통일할 수 있는 적극적인 사유, 즉 인간중심주의적 자연관을 벗어나 자연생태계 전체를 고려하는 전체론적(ganzheitlich, holistisch) 자연관에로의 인식전환을 촉구한다. 따라서 오늘날 셸링의 사유는 모든 생명의 일체성, 다양한 현상들의 상호 의존성, 변화와 변형의 순환성 등을 특징으로 하는 생태학적 사유의 패러다임으로 해석될 수 있다. 이런 관점에서 그는 인간과 자연을 서로 분리되지 않고 연결된 하나의 유기적 통합체로 파악하고, 자연을 죽은 것으로 간주하는 기계론적 내지 인간중심주의적 자연관을 비판하면서, 우리에게 인간과 자연을 근원적으로 사유하고 양자의 대립관계를 극복할 수 있는 생태학적 통찰을 제공한다.

셸링에서 진리개념은 현실계 일반의 근본 원리인 주체성과 객체성의 통일로 이해된다. 이것은 그의 자연철학에서 정신과 자연의 통일 또는 동일 원리로 나타나고, 그 원리에 따라 "자연은 가시적인 정신"으로, "정신은 비가시적인 자연"(SW I/2, 56)으로 파악된다. 따라서 셸링은 주체와 객체의 분리를 전제하는 기계론적 패러다임과 이로부터 인간 우위로 귀결되는 기계론적 자연관을 결코 수용하지 않는다. 왜냐하면 기계론적 자연관이 자연을 살아 있는 유기체가 아니라, 마치 체계 속의 부분들이 복잡하게 연결되어 있지만 서로 명백하게 인과관계(역학의 법칙)에 따라 작동하는 하나의 거대한 시계 같은 '죽은 기계'로 간주하기 때문이다. 그는 기계론적 자연관에서 "자연의 죽음과 인간에 있어 정신적 원리의 독존이라는 낯선 이원론적인 견해"(SW I/8, 5)를 발견하고, 이를 통해 자연이 "그 자체 생기 없는 것 그리고 오직 기계적인 복합작용에서 가상적 생명을 산출하는 것"(SW I/8, 6)으로 드러남을 간파한다. 셸링은 이렇게 자연에서 생명의 중요성을 박탈하는 데카르트주의의 기계론적 자연관을 "극단으로 치달아 나아가는 균열 시대"(SW I/8, 5)의 지배적 철학이라 말하면서, 이에 대한 자신의 비판을 『자연철학과 개선된 피히테 학설의 참된 관계에 대한 해명(Darlegung des wahren Verhältnisses der Naturphilosophie zu der verbesserten Fichteschen Lehre)』에서 다음과 같이 서술한다.

> 나는 여기서 시대와 관련해서 [사람들이 생각하는] 나의 주요 오류는 본래 내가 자연을 기계적이 아니라 역동적으로 고찰한다는 사실에 근거하고 있다는 것을 언급하고자 한다. 만약 사람들이 자연은 단순한 기계론에서 성립한다고 나를 설득시킬 수 있었다면, 나의 전향은 즉시 이루어졌을 것이다. 그 경우에 자연은 부정할 수 없이 생명력을 잃고, 그리고 모든 다른 철학자들은 옳을 수 있고 나만이 틀릴 것이다. 이제 데카르트 이후의 모든 지배적인 철학은 이 기계론적인 견해에 따라 개조되고 있다. 이 지배적인 철학에서 역동적으로 살아있는 자연은 전혀 고려되지 않는다. [⋯] 따라서 자연철학에 대한 지배적인 철학의 싸움은 근본적으로 동역학(Dynamik)*에 대한 역학(Mechanik)*의 싸움이기 때문에, 지배적인 철학은 불공평하고 그의 측면에서 상당히 무모한 싸움에 빠진다.(SW I/7, 103; [ ]안 글쓴이)

자연을 역학의 법칙에 따라 파악하는 기계론적 자연관에 대한 셸링의 비판은 그의 자연철학적 근본 입장에서 설명된다. 이에 따르면 자연에는 최소한 기계론적으로 설명될 수 없는 하나의 사실이 있다. 즉 무제약적 성격을 띠는 자연의 생산적 활동은 인과관계를 기반으로 하는 기계론으로는 설명 불가능하다는 것이다. 따라서 셸링은 자연의 "형이상학은 모든 기계론의 대립이다"(SW I/8, 10)라며 기계론적 자연관의 한계를 명확히 밝히면서, 자연 고유의 '포텐츠(Potenz, 잠재력)'*에 근거해 자연의 생성, 자기산출, 유기적 조직화 등을 설명하는 유기체적 자연관을 제시한다.

2. 인간중심주의적 자연관 비판

인간(정신)과 자연(물체)을 별개의 존재로 보는 데카르트와는 달리 양자를 유기체적-전체론적 관점에서 통일적으로 파악하는 셸링은 자연을 그 전체와의 유기적 관련 속에서 스스로 생성하고 조직하는 하나의 유기체(Organismus)로 간주한다. 따라서 셸링에 있어 자연은 독일의 동시대 철학자 칸트나 피히테(Johann Gottlieb Fichte)에서처럼 자아에 의해 일방적으로 구성되거나 산출되는 대상이 아니라, 그 자체에 내재된 대립적 경향(양극성, 이원성)을 통해 끊임없이 스스로를 생성하는 것으로 파악된다. 따라서 셸링의 자연개념은 자연을 자아의 형식적 구성물로 보는 관념론(觀念論, Idealismus)*의 입장이 아니라, 전체로서의 자연의 선재성(先在性)을 근거로 하는 실재론(實在論, Realismus)*의 입장에서 그 전모가 드러난다. 왜냐하면 셸링에게 있어 자연은 그 생산적 현실연관에서 통

자연과 공생하는 유토피아

일적으로 파악되는 것이지 우리 인식에 의해 구성되는 것이 아니기 때문이다. 이런 입장에서 그는 실재하는 자연을 전체적인 생산과정에서 무한한 생산성을 지닌 살아있는 주체로 파악함으로써, 자연을 자아에 의해 산출된 결과로 간주하여 그 자립성과 생명성을 부정하는 피히테의 자연관을 다음과 같이 비판한다.

> 피히테가 생각하듯이 소위 자연이 하나의 객관적 세계라는 사실을 아직 아무도 의심스러운 것으로 생각하지 않는다. 그것은 다른 경우에서와 마찬가지로 확실하다. 따라서 그것은 일반적으로 받아들여지는 것으로 전제될 수 있다. 그럼에도 불구하고 자연을 하나의 객관적 세계로 보지 않는 것, 더 나아가 하나의 객체일반으로서의 객관적 세계를 반성의 순수한 산물로 간주하는 것이 바로 의식철학(die bewusste Philosophie)의 본질이다. 피히테가 기획한 이 객관적 세계는 결코 죽은 것이 아니다. 이것은 절대 아무것도 아닌, 속 빈 유령이 아니다. 피히테는 이 객관적 세계를 폐기하길 원하나, 그래도 도덕적인 교훈을 위해서는 유지하길 원한다. 객관적 세계는 도덕적 교훈에 활용될 수 있도록 단지 죽은 것으로 존재해야 한다.(SW I/7, 11)

피히테가 도덕적 목적을 위해 객관적 세계로서의 자연존재를 수용하지만 결국 그것을 사유의 산물로 강등시켜 죽은 것으로 간주하는 데 반하여, 셸링은 자연에 인간의 목적을 강요하지 않는다. 따라서 그의 근본 입장은 자연을 오직 이용대상으로만 간주하는 피히테의 인간중심주의적 태도를 비판하는 가운데 극명하게 드러난다.

> 피히테는 자연이 단지 살아있는 것으로서 존재하기를 원하지 않는다. 그러나 그는 물론 자연을 죽은 것으로, 즉 그가 영향을 끼치고, 가공하며, 짓밟을 수 있는 어떤 것으로서 존재하기를 원한다. […] 도대체 종국적으로 자연에 대한 그의 생각 전체의 핵심은 무엇인가? 그것은 자연이 이용되어져야 한다는 것이고, 또 계속 이용되어지기 위해 그곳에 존재한다는 것이다. 그가 자연을 바라보는 원리는 경제적이고 목적론적인 원리이다. […] 자연이 오직 인간의 목적에 항상 이용되는 한에 있어서, 자연은 파괴되어진다.(SW I/7, 17 f.)

셸링은 "피히테의 체계에서 자연이 숭고함의 마지막 남은 부분을 잃었고, 또 자연의 현존 전체는 인간에 의한 자연의 가공과 관리의 목적에 이르게"(SW I/7, 110) 되었음을 간파한다. 즉 자연에 대해 인간중심적이고 공리주의적 태도를 취하는 피히테에게서 자연을 파괴하고, 그 고유성을 훼손하는 반생태주의적 사유를 본 것이다. 이러한 맥락에서 인간 주체성의 절대화를 경고하고 자연

인간중심주의적 자연관을 가진 칸트와 피히테

에 고유한 가치와 주체성을 부여하면서, 인간과 자연을 전체 자연 과정에서 통일적으로 파악한 셸링의 구상은 생태위기에 대한 하나의 대안으로 주목받을 만하다.

3. 주체로서의 자연

17세기 이후 수백 년간 기계론적 자연관이 서양 과학과 세계관의 중심에 있었기 때문에, 우리가 자연을 지배하고 정복할 수 있는 대상으로 간주하는 것은 당연시되었다. 따라서 자연을 객체로만 파악하는 근대 자연과학의 사고방식에 물들어 있는 우리에게 자연이 주체라는 생각은 상당히 낯설게 느껴진다. 그러나 셸링은 우리에게 익숙한 자연 개념에 의문을 제기하고 "주체로서의 자연(Natur als Subjekt)"(SW I/3, 284) 개념을 제시한다. 그의 자연철학은 자연의 주체성이라는 표상을 끌어들여 자연에 대한 이해를 근본적으로 전환함으로써, 근대 자연과학을 통해 각인된 인간과 자연 관계의 주객 도식을 깨뜨린다.[03]

셸링처럼 자연을 객체가 아닌 주체로 간주하는 것은 과연 가능한가? 그러면 이런 관점에서 자연을 바라보는 하나의 사례로서 나희덕의 「배추의 마음」이라는 시를 통해 자연의 주체성을 설명해보자.

배추에게도 마음이 있나 보다.
씨앗을 뿌리고 농약 없이 키우려니
하도 자라지 않아
가을이 되어도 헛일일 것 같더니
여름내 밭둑 지나며 잊지 않았던 말
- 나는 너희로 하여 기쁠 것 같아.
- 잘 자라 기쁠 것 같아.

늦가을 배추포기 묶어 주며 보니
그래도 튼실하게 자라 속이 꽤 찼다.
- 혹시 배추벌레 한 마리
이 속에 갇혀 나오지 못하면 어떡하지?
꼭 동여매지도 못하는 사람 마음이나
배추벌레에게 반 넘어 먹히고도

속은 점점 순결한 잎으로 차오르는
배추의 마음이 뭐가 다를까?
배추 풀물이 사람 소매에도 들었나 보다.

    시에서 화자는 여름내 밭둑을 지나면서 배추에게 "나는 너희로 하여 기쁠 것 같아/잘 자라 기쁠 것 같아"라고 늘 믿음의 말을 반복한다. 그 후 가을이 되었을 때 "늦가을 배추포기 묶어 주며 보니/그래도 튼실하게 자라 속이 꽤 찼다"에서 알 수 있듯이, 배추는 화자의 기대대로 잘 자라게 되었다. 마치 자신의 말을 알아들은 것처럼 잘 자랐기 때문에 화자는 "배추에게도 마음이 있나 보다"라고 생각한다. 이처럼 식물이 사람의 말에 반응한다는 의미에서 우리는 자연을 마음(의식)이 있는, 즉 생명력을 지닌 주체로서 간주할 수 있다. 여기서 자연이 인간과 상호작용이 가능한 존재라면, 주체성을 가진 존재로서 합당한 대우를 받아야 한다. 만약 자연이 인간과 대등한 주체라면 인간과 동일한 대우를 해주어야 할 것이고, 인간보다 열등할지라도 그 자체 고유성을 지닌 주체라면 그에 상응한 대우를 해주어야 할 것이다.
    한편 자연의 고유성과 가치가 인간에 의해 고안된 것이 아니고 자연 자체의 객관적 속성에 의해 이루어진 것이라면, 인간중심주의적 자연관은 그 타당성과 가치를 상실한다. 셸링은 그런 자연관에 반대하여 자연 자체에 고유성을 부여하고, 또 자연을 인간 주체를 포함한 하나의 포괄적 주체로 파악한다. 오늘날 포스트모더니즘을 비롯한 인문·사회과학에서 주체의 죽음이 논의되는 데 반하여, 셸링의 자연철학은 이 새로운 주체 개념을 통해 주체 문제에 대한 새로운 독해와 관심을 불러일으키고, 더 나아가 인간과 자연의 대립 관계를 지양할 가능성을 열어 줌으로써 오늘날 생태학적 논의에 의미 있는 출발점을 제공한다.

일반적으로 '주체' 또는 '주체성'은 인식과 행위의 주체로서의 인간에게만 통용되는 개념이다. 따라서 주체 개념은 일종의 근대적인 구상으로 인식론과 실천철학의 목표설정과 연관되는 것이지, 결코 자연과학의 대상이라고 할 수 없다. 근대 자연과학의 관심은 자연이 어떻게 법칙에 따라 작동하느냐는, 즉 기계론의 해독에 있다. 그것의 목표는 자연현상을 가능한 경험적 자연법칙의 표상 아래서 해석하는 데 있지, 그것을 통일적으로 해석하는 데 있지 않다. 셸링의 자연철학은 이렇게 자연을 그 합법칙적 구조에 따라 객관화 내지 대상화하는 자연과학에 반대한다. 따라서 셸링의 '주체로서의 자연' 개념은 경험적으로 접근 가능한 자연의 표상도 아니며, 또 경험을 통해 일차적으로 주어진 것을 지성(知性, Verstand)* 개념에 따라 재구성한 초기 칸트의 형식적-객관적 자연 개념, 즉 자연의 합법칙적 구조에 따르는 수학적-물리학적 관계들의 체계도 아니다. 더 나아가 그것은 낭만주의자들의 자연 개념과 유사함에도 불구하고, 19세기 영국의 낭만주의 시인 윌리엄 워즈워스(William Wordsworth)와 사무엘 테일러 콜리지(Samuel Taylor Coleridge)의 자연 시에서 순수한 인간 영혼과의 교감을 통해 감성

자연을 주체로 파악하여 생태위기 극복의 풍부한 상상력을 제공한 셸링

적으로 표현된 '신비적 영성체'와도 일치하지 않는다. 왜냐하면 셸링은 자연을 그것의 생산적 현실연관 속에서 통일적으로 파악한 실재로 간주하기 때문이다.

인식론적 측면에서 상론하면, '주체로서의 자연' 개념은 주체(자아)가 자연과학에서처럼 자신과 분리된 객관적 실재인 자연의 특성을 경험적으로 기술하거나 표현하는 것이 아니다. 그것은 주체(자아)가 자신과 분리되지 않는 자연 자체의 내재적 원리(생산성)를 인식하는 자신의 활동성을 통해, 즉 선험적(先驗的,

transzendental)＊으로 자연을 정립하는 것이다.[04] 따라서 주체로서의 자연은 자연의 선험적인 정립을 목적으로 하는 **선험적인 자연 개념**이다. 여기서 주체로서의 자연의 가정은 경험이나 감각 작용에 의하지 않는(a priori) 하나의 논리적 메타구조를 주체의 인식 능력에 귀속시키는 선험철학적 인식론에 근거한다. 이로써 주체로서의 자연 개념의 본질적 전제조건이라 할 수 있는 자연 이념과 선험철학적 주체 규정의 결합이 이루어진다. 셸링은 이런 맥락에서 자연철학을 선험철학적 주체 구상과 결합하기를 시도한다. 자연철학과 선험철학＊을 연결하는 데는 주체와 객체로서의 자연이라는 이중적인 자연의 개념이 필연적으로 따라온다. 이는 『자연철학 체계의 기획 서설(*Einleitung zu dem Entwurf eines Systems der Naturphilosophie*)』에서 다음과 같이 표현된다.

> 우리는 단순한 **생산물로서의 자연**(natura naturata)을 **객체로서의 자연**(모든 경험은 오직 이것과 관계한다)이라 부르고, **생산성으로서의 자연**(natura naturans)을 **주체로서의 자연**(모든 이론은 오직 이것과 관계한다)이라 부른다.(SW I/3, 284)

여기서 자연은 한 관점에서는 규정되는 체계(생산물로서의 자연, 객체로서의 자연)로, 다른 관점에서는 규정하는 체계(생산성으로서의 자연, 주체로서의 자연)로 구상된다. 스피노자의 실체형이상학의 용어를 빌려 표현하면, 그것은 '산출된 자연(natura naturata)'이면서 동시에 '산출하는 자연(natura naturans)'으로 사유된다. 양자는 본래 중세 스콜라철학적 개념으로 '창조자(신)'와 '피조물(세계)'의 관계, 즉 하나가 아니면서 둘도 아닌(不一而不二) 것을 표현하기 위한 개념 쌍이다. 따라서 양자의 차이는 자연의 자기 차이일 뿐이고, 자연 안에는 이미 능동적이고 생산적 활동의 의미와 함께 그 결과로서의 창조와 세계의 의미가 이중적으로 함축되어 있는 것이다. 이 점에서 '산출하는(naturans)'과 '산출된(naturata)'은 '자연(natura)'에 함유된 능동적 요소와 수동적 요소의 의미를 구별하기 위해 부가된 한정어에 지나지 않는다. 자연은 생산성과 생산물이라는 '원리들의 보편적 이중성'으로 나타나지만, '산출하는 자연'과 '산출된 자연', 즉 주체와 객체의 통일로서 이해되어야 한다. 따라서 자연은 단지 주체 또는 객체로서만 머무는 것이 아니라, 양자가 상호작용하는 통일체이다. 여기서 존재론적으로 보면 우리가 경험하는 '산출된 자연'이 경험 세계의 변화를 가능케 하는 '산출하는 자연'으로부터 유래하지만, 인식론적으로 보면 '산출하는 자연'의 이념이 '산출된 자연'이라는 주어진 경험의 내용으로부터 전개된다. 이를 비유적으로 설명하면, 우리는 마그마가 지표의 낮은 곳을 따라 흘러가면서 급격하게 냉각된 지형인 제주도의 주상절리(산출된 자연)를 보고서 예전에 화산의 활발한 활동(산출하는 자연)이 있었다는 사실을 알게 된다.

생산물로서의 자연은 자기 자신에 의해 산출된, 스스로 생겨난 자연이다. 이것은 우리가 사실적·경험적으로 존재한다고 말할 수 있으므로 지각하는 경험의 대상이 된다. 이에 반하여 생산성으로서의 자연은 자기 자신을 산출하는, 스스로를 낳는 자연이다. 이것은 본래 시·공간적 실재성 외부에 존재하는 순수한 활동성이기에 다만 사유될 수 있을 뿐이다. 셸링의 표현대로 "우리는 오직 객체로서의 자연에 대해서만 그것이 존재한다고 말할 수 있을 뿐이고, 주체로서의 자연에 대해서는 그렇게 말할 수 없다. 왜냐하면 주체로서의 자연은 존재 또는 생산성 자체이기 때문이다."(SW I/3, 285) 따라서 생산성으로서의 자연은 경험(자연과학)이 아니라 이론(자연철학)을 통해서 해명되고, 이 이론에서 자연 자체는 주체로서 설명된다.

셸링은 자신의 자연철학을 경험적 자연학과 구별하여 "**사변적** 자연학(speculative Physik)"(SW I/3, 274)이라 부른다. 왜냐하면 사변적 자연학의 과제가 "자연에서 **비객관적으로** 존재하는 것"(SW I/3, 275), 즉 주체적인 것을 사변적으로 구성하는 데 있다고 보기 때문이다. 그러나 셸링이 사변적 자연학으로서 그의 자연철학에서 발전시킨 주체 개념은 근본적으로 선험철학의 자기의식적 주체 개념과 구분된다. 자연 주체는 인간 주체성의 술어를 통해 드러나지 않기 때문에 그것은 결코 의식 또는 자기의식의 개념과 일치하지 않는다. 따라서 셸링의 '산출하는 자연'으로서의 주체 규정은 주체 개념을 자아철학적 제한으로부터 해방시킨다. '산출하는 자연'의 맥락에서 주체는 제약된 것의 기초가 되는, 즉 모든 제약된 것의 무제약적 조건을 의미한다. 다시 말해 주체는 여기

자연과 공생하는 유토피아

주체로서 살아있는 자연의 모습

서 라틴어 'subiectum'의 의미에서 '아래에 놓인 것' 또는 '근저에 놓인 것'으로서 이해된다. 주체로서의 자연은 객체로서의 모든 자연의 근저에 놓이기 때문에 더 이상 외적인 결정의 결과로서 해석되지 않는다. 오히려 그것에는 생산물을 그 자신으로부터, 또 그의 총체성 안에서 산출한다는 의미에서 하나의 자기 관련적인 (selbstreferentiell) 결정이 존재한다. 따라서 주체로서의 자연 개념은 자기 원인 체계(causa-sui-System)를 함축하며, **"자연학의 스피노자주의(Spinozismus** der **Physik)"**(SW I/3, 273)라고 불린다.

4. 자연의 주체성과 생산성

주체로서의 자연이해에서 무엇보다도 중요한 것은 '산출하는 자연'의 원리로부터 '산출된 자연'의 현상을 이끌어 내는 자연의 선험적 구성에 관한 문제이다. 셸링은 경험된 자연의 실재성으로부터 자연이 자신의 형상화를 통해 활동적 통일로 파악되는 실제적 구성과정으로 되묻는다. 자연의 '기술'이 아니라 '구성'이 문제이기에 그는 생산성으로서의 자연의 선험적-논리적 구성에서 자신의 방법론적 원리를 구한다. 이러한 의미에서 주체로서의 자연은 자연기술이나 자연이론의 개념이 아니라, 자연정립의 개념이다.

셸링철학을 자연의 정립, 즉 선험적 구성과 관련해서 고찰할 때, '선험적 주체성(transzendentale Subjektivität)'은 정신과 마찬가지로 자연도 가능케 하는 근거로 파악된다. 그리고 선험적 주체성은 원리적으로는 선험적-논리적 가정의 개념적 요소를 의미하기 때문

자연과 공생하는 유토피아

에, 그것의 내용은 셸링의 자연철학에서 선험철학의 경우와 같이 "활동(Tätigkeit)"으로 이해된다. 이런 의미에서 활동의 '**기체**(基體, **Substrat**)'*로 **이미 존재하는 주체의 활동**이 아니라, 오히려 활동을 통해 **주체를 처음으로 산출하는 이런 활동**이 중요하게 된다. 이는 활동주의 철학의 주창자 브라이언 마수미(Brian Massumi)가 "주체는 그에 대해 어떤 사건이 발생하는, 선존재하는 어떤 것이 아니다. 즉 주체는 사건의 자기발생하는 형식이다"(마수미, 2016: 25)고 주장하는 것과 같은 맥락으로, 여기서 선험적 주체성은 일반적으로 '존재(Sein)'가 활동으로 환원된다는 것을 함축한다.[05] 사실상 사변적 자연학으로 불리는 셸링의 자연철학에서 활동의 기체로서의 존재, 즉 고정된 주체 또는 객체는 부정된다. 왜냐하면 셸링은 생산물을 무한한 생산성의 역동적 구조로 환원하기 때문이다.

경험[경험적 자연학]과 학문[사변적 자연학] 사이의 대립은 경험이 객체를 **존재**(Sein) 안에서 이미 완료된 것, 특정 상태에 옮겨진 것으로 고찰하는 데 반하여, 학문은 그 객체를 **생성**(Werden) 중의 것, 이제 비로소 어떤 상태에 옮겨져야 할 것으로 고찰한다는 사실에 근거한다.(SW I/3, 283; [ ]안 글쓴이)

셸링은 이렇게 자연에서 기체의 개념을 제거함으로써, 물질적 존재를 이미 있는 것이 아니라, 역동적 과정에서 비로소 생성되는 것으로 간주한다. 이런 설명은 마치 벨기에의 이론물리화학자 일리야 프리고진(Ilya Prigogine)이 자연에서 열역학적 '존재(Sein, being)'의 상태는 예외적인 경우이고, 오히려 비평형의 '생성(Werden, becoming)'의 상태가 일반적인 경우라고 주장하는 것과 같다. 즉 그가 존재 자체를 시간과 독립된 고정적 실체가 아니라, 혼돈적인 시간의 흐름 속에서 생성되고 발현되는 것으로 설명하듯이, 셸링은 프리고진처럼 물리적 실재에 있어서 과정이나 생성을 본질적인 것으로 간주하고 있다.[06] 이렇게 존재가 활동으로 환원된다면, 자연의 주체성이 생산성과 관련되어야 한다는 것은 자명한 이치이다. 따라서 셸링은 이 활동을 자연의 생산성으로 확장한다.

셸링의 자연철학에서 생산성의 개념은 자연의 구성활동을 나타내는 순수한 근원적 생산성을 의미한다. 그는 『자연철학 체계의 제1기획(Erster Entwurf eines Systems der Naturphilosophie)』과 『자연철학 체계의 기획 서설』에서 자연의 생산성과 생산과정을 집중적으로 고찰한다. 그에 따르면 자연은 생산과정에서 생산물을 자기 자신으로부터 산출하기 때문에, 그 생산원리는 선험적인 인식 주체가 아니라 자연의 '절대적 활동성'에서 구해진다. 이 활동성은 자연에서 '절대적 생산성'을 의미하며, 이것이 바로 자연의 주체성을 구성하는 원리이다. 따라서 자연 주체의 구성문제를 고찰하는 사변적 자연학으로서의 자연철학은 그 근거를 위해 절대적 생산성을 요청한다.

자연의 절대적 생산성은 셸링 철학일반의 중심원리인 '절대자

(das Absolute)'* 또는 '무제약자(das Unbedingte)'가 자연철학에서 구체화됨으로써 성립하는 개념이다. 이것은 자연현상의 최종 근거로 작용하며, 원리상 제약된 것(경험적 자연산물)을 넘어서 있으므로 무제약자의 성질을 지닌다. 자연의 무제약성을 주제로 삼는 셸링의 자연철학에 따라 절대적 생산성이 자연 속에서 무제약자 또는 무제약적인 원리로 간주되려면, 그것은 단적으로 비대상적인 것, 즉 '근원적인 생산성'이어야 한다. 이와 관련해 셸링의 주장을 들어보자.

> 대상은 결코 무제약적이지 않기 때문에, 단적으로 비대상적인 어떤 것(etwas Nichtobjektives)이 자연 안에 정립되어야 한다. 그리고 이 절대적으로 비대상적인 것이 바로 자연의 근원적인 생산성(die ursprüngliche Produktivität)이다. 일반적 관점에서는 생산성이 생산물에서 사라져 버리지만, 반대로 철학적 관점에서는 생산물이 생산성에서 사라져 버린다.(SW I/3, 284)

이렇게 비대상적인 것인 자연의 생산성을 자연 안에 정립함으로써, 셸링은 근원적인 생산성을 자연의 '구성하는 활동성'으로 파악한다. 이런 관점에서 "그 자체 대상은 아니지만 그럼에도 모든 대상적인 것의 원리인 최고의 구성하는 활동성"(SW I/3, 12)은 자연의 제1원리가 된다. 셸링은 자연의 구성활동을 생산물과의 관계 속에서 언급하면서, 자연을 단적으로 활동적인 것으로 간주한다.

> 우리는 **대상**이 무엇인지를 그 **최초의 근원**에서 파악해야 한다. 우선 자연 안에 존재하는 모든 것과 **존재**의 총괄로서의 자연 자체는 우리 입장에서 볼 때 전혀 현존하지 않는다. 자연에 관해 철학한다는 것은 자연을 창조한다는 것을 의미한다. 그러나 모든 활동성은 그것의 생산물 안에서 소멸한다. 왜냐하면 활동성은 오직 그 생산물로만 향하기 때문이다. 따라서 우리는 **생산물로서의 자연**을 알지 못한다. 우리는 자연을 오직 **활동적인 것**으로만 알 뿐이다. - 왜냐하면 활동성으로 옮겨질 수 없는 그런 대상에 대해서는 철학할 수가 없기 때문이다.(SW I/3, 13)

셸링이 강조하듯이, 자연의 본질은 구성하는 활동성에서 구해져야 한다. 자연은 원래 생산물의 실재성이 아니라, 생산물의 근원인 절대적 생산성에 의해서 존속하는 것이다. 사실 자연이 능동적으로 생산 활동을 하고 창조적 힘을 발휘할 때 그 본질은 유지되고, 생산적이기를 멈추면 더 이상 자연으로 존재할 수 없는 것이다. "(자연에서) 모든 개별적인 것은 단지 존재 자체의 형태일 뿐이지만, **존재 자체**는 절대적 활동성의 형태"(SW I/3, 13)라는 셸링의 주장처럼, 자연 자체는 절대적 활동성의 형태로서 한자 '自然'

의 뜻에서 잘 드러나듯이 '스스로 그러하게' 움직이는 것이다. 이는 봄, 여름, 가을, 겨울이 저절로 바뀌는 것과 같은 이치이다. 엄밀하게 말해서, "산출하는 자연(natura naturans)"만이 진정한 자연이다.

그리고 자연의 구성활동을 특징짓는 생산성이 자연에 주체성의 지위를 부여하는 원리인 한에서, 생산성은 자연의 선험적 성격, 즉 주체로서의 자연의 특성을 잘 보여 준다: "주체로서의 자연은 […] 생산성 자체이다."(SW I/3, 285) 이처럼 생산성이 주체로서의 자연 개념의 핵심이 됨으로써, "**주체**로서의 자연 안에는 오직 무한한 **활동성**만이 존재"(SW I/3, 289)하게 되고, 또 무한한 활동을 하는 자연은 그 자체 고유한 생산력을 지니고 있음이 드러난다. 셸링은 이 고유한 생산력을 스스로 활동하는 역동적 힘 (Kraft)으로 파악하면서, 자연의 생산성을 이 힘을 바탕으로 하는 무한한 생산과정으로 해석한다.

자연을 그 자체로부터 고찰하기 위해서는 자연을 생산성으로 파악해야 한다. 생산성을 설명하는 것은 이것을 생산물과의 관계 속에서 이해하는 것을 의미한다. 자연은 단순한 생산물로서의 세계가 아니라 그 이상이다. 왜냐하면 생산물로서의 세계는 어떠한 근원과 발전을 포함할 수 없기 때문이다. 따라서 자연은 생산성 (주체로서의 자연)과 생산물(객체로서의 자연)로서 동시에 사유되어야 한다.

그러나 자연의 생산성과 생산물에 대한 셸링의 구별이 과연 의미가 있는지에 관한 물음이 제기된다. 왜냐하면 자연의 근원적 산출원리로서의 생산성은 자신이 실재적 생산물로 바뀌는 순간 무제약자의 성격을 잃기 때문이다. 또한 생산성은 생성되는 산물들이 하나의 완성되고 고정된 생산물로 이행하는 순간 사라진다. 따라서 생산성이 자연의 본질적인 과정이라면 '어떻게 하나의 완성되고 고정된 생산물이 생성될 수 있는가?'라는 물음이 추가로 제기된다. 이 물음은 셸링 자연철학의 핵심문제에 속한다. 셸링은 자연의 생산성을 유한한 생산물이 아니라 오직 무한한 생산물을 통해 나타날 수 있는 하나의 무한한 과정으로 해석함으로써 이에 답한다. 셸링은 생산성의 생산물로의 전환과 생산물의 부단한 재생산 과정을 강(Strom)의 비유를 통해 설명하고 있다.

강은 저항을 만나지 않는 한 똑바르게 앞으로 흘러가며, 저항이 있는 곳에서는 소용돌이 물결이 일어난다. 근원적인 자연 생산물, 예를 들어 모든 유기체는 바로 그런 소용돌이 물결이다. 소용돌이 물결은 고정되어 있는 것이 아니라 오히려 끊임없이 변화하는 것이며, 매 순간에 새롭게 재생산되는 것이다. 자연 안에서 어떠한 생산물도 고정되어 있지 않으며 오히려 매 순간 전체 자연의 힘에 의해 재생산된다. (우리는 본래 존립해 있는 것을 보는 것이 아니라, 오히려 자연생산물이 끊임없이 재생산되는 것을 본다). 각각의 생산물에는 전체 자연이 함께 작용한다. 자연 안에는 특정한 저지점들(Hemmungspunkte)이 근원적으로 심어져 있다. 우리는 우선 자연 안에 무한히 많은 저지점들을 생각할 수 있지만, 그곳으로부터 전체 자연이 전개되는 오직 하나의 저지점, 바로 그런 각 지점에서 자연 활동성의 흐름은 단절되고 그 생산성은 파괴된다. 하지만 그 각각의 순간에 하나의 새로운 충격, 새로운 물결이 또 나타나서 그 영역을 새롭게 충족시킨다. 따라서 간단히 말해 자연은 근원적으로 순수 동일성이며, 그 안에서는 아무것도 구분되지 않는다. 그런데 거기에 저지점이 나타나고, 자연은 자신의 생산성을 제한하는 그 저지점들과 끊임없이 투쟁한다. 그러나 자연은 저지점과 투쟁하는 동안에 그 영역을 다시 자신의 생산성으로 채운다.(SW I/3, 18)

생산성과 생산물의 부단한 재생산 과정을 잘 보여 주는 강

이처럼 무한한 생산성으로서의 자연은 자체 내에 생산적 활동성과 그 활동성의 저지라는 대립적 힘을 포함하고 있기 때문에, 그 생산과정은 "양극성(Polarität)", "이원성(Dualität)", "이중성(Duplizität)"(SW I/3, 16/277) 등으로 불리는 자연 자체의 원리, 즉 자신의 동일성을 보존하려는 경향과 자신을 이분함으로써 구체적 생산물로 고정화되려는 경향을 통해 유지된다. 다시 말해 생산성의 원리는 동일한 경향의 반복이 아니라 상호 대립하는 경향의 변증법적인 통일로서 구성되는 것이다. 결국 셸링에 있어서 자연은 동일성 속에서 영원히 정지해 있는 것이 아니라 대립적 경향을 통해 생성·변화하는, 즉 스스로를 끊임없이 재생산하며 재조직하는 살아있는 주체라고 할 수 있다. 이러한 사유방식은 그 후 좌파 아리스토텔레스주의 전통에서 물질을 탐구하는 블로흐에 적극적으로 계승된다.

자연과 공생하는 유토피아

■ 칸트(Immanuel Kant, 1724~1804)

독일 계몽기의 비판 정신을 대표하고, 독일관념론의 기반을 확립한 철학자. 그는 옛 프로이센의 쾨니히스베르크에서 태어나 평생 고향을 떠나지 않았고, 독신생활을 하며 철학에 전념하였다. 특히 동네 사람들이 그의 산책 시간을 보고 시계를 맞출 정도로 철저한 규칙적인 생활을 한 것으로 유명하다.

칸트는 이성(Vernunft)* 그 자체가 지닌 구조와 한계를 연구한 『순수이성비판』(1781)을 통해 전통적인 형이상학과 인식론을 비판하면서, 인식과 실천의 객관적 기준을 선험적 형식에서 찾았고 사유(의식)가 존재(대상)를 규정한다고 하였다. 또한 『실천이성비판』(1788)과 『도덕형이상학 정초』(1785)를 통해 도덕의 근거를 인과율이 지배하지 않는 선험적 자유에서 찾고 완전히 자유로운 도덕적 인격의 자기 입법(자율성)을 도덕률로 삼음으로써 인간의 존엄성을 강조하였다.

한편 "사물은 수단이지만 인격이 있는 인간성은 목적 그 자체"라는 칸트의 주장은 오늘날 생태철학의 관점에서 평가한다면, 자연을 수단으로 간주하는 점에서 '인간중심주의'의 전형이라고 할 수 있다. 또한 그는 동물 학대 금지, 동물 실험 억제 등을 도덕적 의무로 간주하지만, 이는 동물에 대한 의무가 아니라 인간관계에서 도덕성을 촉진하는 의의를 지닌다는 점에서 인간에 대한 의무에 불과하다. 그리고 칸트는 『판단력비판』(1790)에서 인간도 자연 전체로 볼 때 목적-수단의 일환에 포함된다는 점에서 다른 생물보다 우월하지 않으며, 단지 도덕적 자율성을 갖는다는 점에서만 자연을 넘어선다고 주장한다.

■ 피히테(Fichte, Johann Gottlieb, 1762~1814)

헤겔, 셸링과 더불어 독일관념론의 대표자로서, 칸트의 비판철학의 계승자 또는 칸트에서 헤겔로 이어지는 다리 역할을 한 철학자. 그는 작센주 라메나우의 가난한 집의 맏이로 태어나 가정교사를 하는 등 고학을 하던 중 칸트철학에 매료되었다. 그는 칸트의 영향을 받아 자아(Ich)를 유일한 절대적 원리로 생각하여 여기서 철학의 전체 체계를 통일적으로 끌어내는 '학문론(Wissenschaftslehre)'을 수립하였다.

피히테철학에서 비아(非我, Nicht Ich)는 '절대적 자아'가 작용한 산물이지만 산출된 비아는 오히려 자아에게는 장애로 나타나고 자아의 절대성은 이것을 극복함으로써 보존된다. 여기서 그의 의지적 인격을 반영한 실천적인 경향을 볼 수 있다. 그 후 '학문론'은 자아의 절대성을 철저히 주장했으며, 또 『요한복음』을 기초로 삼아 종교적 색채를 강하게 띠었다. 이런 입장에서 피히테는 만년에 사변적인 역사철학을 시도하였으며 '이성지배의 국가'를 주장하였다. 저서에는 『전체 학문론의 기초』(1794), 『인간의 사명』(1800) 등이 있으며, 나폴레옹 점령하에 베를린에서 행한 그의 강연 『독일국민에게 고함』(1808)이 유명하다.

제4장

유기체적-전체론적 자연관

"자연은 자립적이고 자율적으로, 즉 스스
로 조직하는 것이다. 모든 개체 안에 무한
한 것으로서 전체가 반영되어 있다."

- 셸링, 『자연철학 체계의 기획 서설』

1. 유기체적 자연관의 일반적 특징

우리는 기계론적 자연관이 오늘날 생태위기의 정신적 원인을
제공한다는 점을 이미 살펴보았다. 이 자연관은 주체와 객체(대상)
를 분리하는 근대 과학의 전형적인 패러다임인 존재론적 '이분법
(dichotomy)'에 근거한다. 여기서 이분법은 주체와 객체 단위가 존
재론적으로 분리 독립되어 있다는 이원론적 입장을 가리키며, 이
것이 인간과 자연 관계에 적용되면 양자 간에는 힘의 우열에 따
라 주종관계가 성립한다. 근대의 기계론적 자연관은 이런 이분법
에 인간의 자연지배 논리가 결합된 것으로, 이에 따라 자연은 인
간에 낯선 타자로서 결국 인간의 지배대상으로 간주되었다.

또한 기계론적 자연관은 자연현상이 여러 기초적 요소로 환원

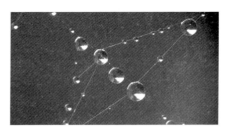

유기체적-전체론적 자연관의 모형으로서
불교의 인드라망

될 수 있다는 '환원주의(還元主義, reductionism)' 입장을 지닌다. 여기서 환원주의는 방법론상 개체론의 특징을 띠는 분석적 사유방식으로서, 이에 따르면 전체는 내적으로 분리된 부분들로 구성된다. 따라서 전체는 그 개별 부분들의 단순한 총합에 불과하고, 자연을 구성하는 부분들이 전체보다 우위에 있다고 생각된다. 이런 맥락에서 기계론적 자연관은 자연현상을 개별 부분들의 특성과 그 인과관계로 파악하기 때문에 자연에 대한 목적론적 이해를 거부한다.

이에 반해 유기체적 자연관은 기계론적 자연관에 대한 반성과 비판의 성격을 띠는 것으로서, 자연과 세계를 독립적으로 존재하는 입자들의 집합이 아니라 상호의존적인 관계의 총체로 파악한다. 따라서 이것은 기계론적 자연관의 '이분법'과 '환원주의'에 반대되는 '전체론(holism)'의 입장에 근거하고 있다. 그러면 전체론적 입장과 패러다임에 의거하여 유기체적 자연관의 특징을 살펴보자.

첫째, 전체론에 따르면 각 부분은 다른 부분들과 연결되어 있다. 그러므로 한 부분에서의 변화는 다른 부분들에 영향을 미치며 더 나아가 전체를 변화시킨다. 이런 관점에서 보면, 유기체의 본질적 특징은 각 부분들 사이의 관계에서 생겨난다. 그렇다고 유기

자연과 공생하는 유토피아

체가 부분들의 임의적인 합성을 통해서 생성되는 것은 아니다. 유기체는 식물에 있어서 잎과 뿌리의 상호관계처럼 서로 의존적으로 연결된 부분들의 전체적인 역동적 상호작용을 통해서 생성된다. 따라서 유기체는 그 구성 부분들이 전체 안에서 합목적적으로 함께 작용하고 동시에 이 작용을 통하여 자신과 전체를 생산하는 유기적 전체이며 통일체이다. 이렇게 각 부분은 전체와의 관련 속에서, 즉 상호 연관된 부분들의 '역동적인 그물망' 속에서 파악되기 때문에 이 그물망에서 분리된다면 그것은 자신의 동일성을 잃어버리고 만다. 따라서 기계론처럼 자연을 전체에서 분리하거나 그 일부만을 떼어 내어 파악한다면, 전체로서의 자연에 대한 이해는 왜곡될 수 있다.

둘째, 전체론에 따르면 전체는 부분의 합보다 크다. 전체는 **존재론적으로** 부분의 합을 초월한 총체로서, 나눌 수 없는 유일한 실재이고 이것이 나뉘면 그 중요한 속성은 상실된다. 이것은 전체가 부분의 합과 일치한다는 동일성 개념과는 달리, 분리된 부분들의 결합된 활동이 개별적 영향들의 합보다 더 큰 효과를 가져온다는 것을 의미한다. 이런 시너지(synergy) 효과는 자연을 전체적으로 파악하는 유기체적 자연관에 나타나는 특징이다.

셋째, 전체론에 따르면 지식은 맥락 의존적이다. 세계를 이해하려면 **방법론적으로** 전체적인 관점을 취해야지, 기계론처럼 개체로 나누고 분석하여 다시 결합하는 방법을 취해서는 세계를 제대로 이해할 수 없다. 왜냐하면 각 부분은 전체로부터, 또 전체 속에서 그 의미를 획득하기 때문이다. 일차적으로 전체가 우선시되고 개별자는 전체에 종속되거나 전체가 부여하는 역할을 수행한다. 이 점에서 맥락 의존성의 강조는 유기체적 자연관의 특징이며, 이에 따르면 실재하는 것은 부분이 아니라 전체로서의 자연이다.

이상과 같은 전체론적 사유에 기초한 유기체적 자연관은 단적으로 인간과 자연을 분리된 존재가 아니라, 서로 의존하면서 작용하는 통합적 존재로 간주한다. 이에 따르면 우주는 불교 용어 '인드라망(網)'[07]이 모든 존재가 하나의 그물로서 끊임없이 서로 얽혀 있는 세계를 비유하듯이, 삼라만상의 모든 것이 어우러진 역동적 전체로서 그 각 부분은 본질적으로 서로 연결된 것으로 파악된다. 구체적이며 일상적인 예를 들면, 불교의 연기설을 시적으로 형상화한 서정주의 「국화 옆에서」가 이런 자연관의 특징을 잘 보여준다.

> 한 송이의 국화꽃을 피우기 위해
> 봄부터 소쩍새는
> 그렇게 울었나 보다.

> 한 송이의 국화꽃을 피우기 위해
> 천둥은 먹구름 속에서
> 또 그렇게 울었나 보다.

자연과 공생하는 유토피아

그립고 아쉬움에 가슴 조이던

머언 먼 젊음의 뒤안길에서

인제는 돌아와 거울 앞에 선

내 누님같이 생긴 꽃이여

노오란 네 꽃잎이 피려고

간밤엔 무서리가 저리 내리고

내게는 잠도 오지 않았나 보다.

이처럼 한 송이의 국화꽃이 피는 데도 소쩍새, 천둥, 무서리 등 우주 만물이 참여하듯이 세계의 모든 부분은 유기적으로 연결되어 있다. 따라서 인간과 자연을 전체론적 관점에서 (유기체적) 우주의 일부로서 상호작용하는 것으로 파악하는 유기체적 자연관은 우리에게 인간과 자연의 관계, 자연의 의미, 자연의 권리와 가치 등에 대한 새로운 통찰을 제공한다. 이를 통해 우리는 생태위기를 일으키는 기계론적 자연관의 인간중심주의를 극복하고 생태계 전체를 중시하는 '생태중심주의(ecocentrism)' 윤리를 도출할 수 있다.

2. 셸링의 유기체적-전체론적 자연관

1) 자연이해의 열쇠로써 유기체 개념

셸링 자연철학의 중심을 이루는 유기적인 것(das Organische)

은 이미 18세기 독일의 사상가 요한 고트프리트 헤르더(Johann Gottfried von Herder)와 문학가 요한 볼프강 폰 괴테(Johann Wolfgang von Goethe) 그리고 철학자이자 시인 프리드리히 슐레겔(Friedrich Schlegel)의 저술에서 언급되었지만, 셸링과 더불어 그 중요한 이론적 의미와 유기체 사상으로의 철학적 전환이 본격적으로 시작된다. 그는 낭만주의 미학 영역에서 일면적으로 적용된 유기체 개념을 모든 가능한 영역으로 확장한다. "유기체는 사물의 원리"(SW I/2, 500)로서 그의 자연철학의 중심 개념을 형성하며, 살아있는 자연을 설명하는 방법론적 원리이자 범주로 사용된다. 이렇게 셸링 자연철학 전체를 이해하는 데 열쇠가 되는 유기체 개념은 『학문론의 관념주의에 관한 해명을 위한 논고(Abhandlungen zur Erläuterung des Idealismus der Wissenschaftslehre)』(1796/1797)에서 처음 제시되고, 『자연철학의 이념(Ideen zur einer Philosophie der Natur)』(1797)에서 확장되며, 『세계영혼에 관하여(Von der Weltseele)』(1798)에 이르러 그 구상이 세부에 이르기까지 완성된다. 그 후 『자연철학 체계의 제1기획』(1799)과 『전체 철학 및 특히 자연철학의 체계(System der gesammten Philosophie und der Naturphilosophie insbesondere(=Würzburger Vorlesungen))』(1804)를 비롯한 저서들에서 유기체 개념에 대한 포괄적인 암시와 해석이 다시 등장한다.

셸링은 자연을 역학의 법칙이 아니라 고유한 생명력에 따라 활동하는 유기체로 간주한다. 따라서 기계론적 자연관을 비판하면서, 자연의 생성과 산출 및 조직화 등 유기적 현상을 전체적으로 연결해서 파악하는 '유기체적-전체론적(organisch-ganzheitlich) 자연관'[08]을 제시한다. 셸링에 의하면 자연현상의 참된 원인은 기계론적으로 파악되는 '객체로서의 자연'에서 밝혀지는 것이 아니라, '주체로서의 자연'의 심연에 숨어 있다. 그러므로 그의 자연관은 주체로서의 자연 개념과 더불어 자연의 합목적성(Zweckmäßigkeit)의 원리에 근거한 유기체 개념에서 잘 드러난다.

셸링은 자연을 스스로 생산하는 주체로 간주하기 때문에 그가 자연철학에서 의도하는 바는 자연과학처럼 자연현상을 실증적으로 연구하는 것이 아니라, 자연의 근저에 존재하는 근원적인 작용 원리를 밝혀내고 그에 근거하여 자연을 통일적으로 파악하는 것이다. 그는 피히테가 소홀히 다루었던 칸트의 『판단력비판(Kritik der Urteilskraft)』의 문제설정에 근거하여 칸트의 자연 이념을 적극적으로 수용하고 그것을 계속 발전시킨다. 다시 말해 그는 칸트의 '목적론적 판단력 비판'에 주목하고, 살아있는 유기적 자연의 경험과 인식에 필수 불가결한 합목적성 개념을 통해 자연을 합목적적으로 질서 지워진 통일체로, 즉 하나의 거대한 유기체로 파악한다. 따라서 자연의 합목적성의 원리는 셸링의 유기체 개념 형성에 중요한 역할을 한다.

자연의 합목적성은 스스로를 조직화하는 유기체를 설명하기 위한 일반적 전제이다. 셸링은 이 합목적성을 유기체 내에서 일어나는 원인과 결과의 동시성, 목적과 수단의 상호작용, 질료와 형식의 통일을 위한 표현으로 간주한다. 이런 의미에서 유기체는 그 구성에 있어서 부분이 전체와 전체는 다시 부분과 필연적으로 연결되어 합목적적으로 함께 작용하고, 또 이 작용을 통하여 유기체 자신과 전체를 생산하는 통일체이다. 이렇게 유기체는 합목적적으로 질서 지워진 통일체로서 자신의 성립근거를 자신의 내부에 가지고 있으므로 자기규정, 자기보존, 자기산출의 활동을 동일한 방식으로 포괄하는 자기조직으로 규정된다. 따라서 자연의 합목적성을 전제하지 않는 기계론적 고찰방식으로는 유기체의 본질을 밝힐 수 없다는 것이 자명하다.

자연 고찰의 두 전형적 방식인 기계론과 유기체론을 비교해보면, 우리는 유기체론을 통해서 자연의 총체성과 그 발전과정을 온전히 파악할 수 있다. 왜냐하면 자연 전체는 기계 체계보다는 합목적성에 따라 모든 것을 포괄하는 유기체의 기능에서 잘 드러나기 때문이다. 한편 셸링은 기계론을 원인과 결과가 각각 외적인 조건들로서 작용하는 하나의 선형적인(linear) 연결로 이해한다. 기계 체계는 부분들의 선형적인 연속 또는 계승으로 기껏해야 하나의 집적(Aggregat)으로 구성될 뿐, 유기체처럼 전체성을 나타내지 않는다. 다시 말해 기계적인 부분들의 직렬적 또는 병렬적 연속은 유기체를 특징짓는 완결성과 전체성을 산출하지 않는다. 셸링은 『자연철학의 이념』에서 기계론의 한계를 다음과 같이 지적한다.

이제 자연을 형성하는 것은 전적으로 기계론만이 아니다. 왜냐하면 우리가 **유기적 자연**의 영역으로 넘어가자마

자연과 공생하는 유토피아

자, 원인과 결과의 모든 기계적인 연결은 중단되기 때문이다.(SW I/2, 40)

이처럼 우리가 피상적인 자연 세계를 벗어나 살아있는 유기적 자연의 심층에 주의를 기울인다면, 기계론적 인과 원리는 주체가 아닌 객체로서의 자연에만 적용된다는 것을 알 수 있다. 셸링은 자연의 한 체계로서 기계론의 정당성을 의심하거나 원리적으로 배척하지 않는다. 자연의 전 영역으로 기계론을 일반화하고 확장하는 것을 비판할 뿐이다. 자연에는 적어도 기계론적 설명방식이 기능을 발휘하지 못하는 하나의 영역이 있다. 그것은 생명현상의 세계, 즉 유기체의 영역이다.

한편 유기체와 기계 체계는 서로 다른 방식으로 원인과 결과의 연속성을 배열한다. 유기체가 원인과 결과를 하나의 순환적이고 "완결된 체계"(SW I/3, 118)로 결합하는 반면에, 기계 체계는 인과의 연쇄가 선형적으로 작동하는 열린 체계를 형성한다. 다시 말해, 스스로가 원인이고 결과인 유기체는 인과의 연쇄 작용에서 '순환적인 완결성(zyklische Geschlossenheit)'을, 원인이 결과와 같지 않은 기계 체계는 '선형적인 개방성(lineare Offenheit)'을 특징으로 한다.

2) 유기체의 본질과 특징
유기체와 기계 체계의 차이점에서 드러나듯이, 우리는 셸링에 따라 유기체의 특징을 다섯 가지로 설명할 수 있다. 우선 유기체는 자체 내에 원인과 결과의 연속이 자기 자신에게로 되돌아가는, 즉 스스로를 재생산하는 과정을 지닌다.

> 유기체는 **자기 자신을** 산출하며, **자기 자신으로부터** 생
> 겨난다. 각각의 식물은 다만 **같은 종류에** 속하는 개체의 산
> 물인 것이다. 이렇게 각각의 유기체는 무한히 **자신의 유**(類,
> **Gattung**)만을 계속 산출하고 또 재산출한다. 따라서 어떠한
> 유기체도 [선형적으로] **나아**가지 않고, 오히려 늘 자기 자
> 신에게로 무한히 되돌아간다.(SW I/2, 40; [ ]안 글쓴이)

재생산 그 자체가 아니라 **자기**재생산(**Selbst**reproduktion)의 능력
이 살아있는 유기체의 본질에 속하고, 스스로 원인이자 결과인 자
기재생산의 **순환적인 인과형태**는 유기체 조직의 근본적인, 즉 첫
번째 특징을 이룬다. 여기서 셸링이 유기적인 것을 오늘날의 생명
의 자기조직화(Selbstorganisation) 과정을 상기시키는 방식으로 이해
하고 있음을 간파할 수 있다.[09]
칸트에서 자연이 그 자체 실재하는 것이 아니라 이론 인식의
보편적 법칙에 따라 구성되거나 목적론적 판단력 아래 주어지는
것으로 간주됨에 반하여, 셸링에서 자연은 자신의 내재적 원리를
통해 규정되는 하나의 살아 있는 유기체이다. 본래 유기체 조직은
그 현존에 있어 외적인 원인으로부터 자유롭기 때문에 "모든 유
기적 산물은 스스로 원인이면서 동시에 결과가 되고" "자신의 현

자연과 공생하는 유토피아

존 근거를 **자기 자신** 안에 지닌다."(SW I/2, 40) 더 나아가 "어떤 개별적 부분도 그 전체 안에서가 아니면 **생성**될 수 없고, 이 전체 자체는 오직 그 부분들의 **상호작용** 안에서만 성립한다."(SW I/2, 40) 이처럼 부분이 전체와 전체가 다시 부분과 유기적으로 연결되어 있으므로, 유기체는 그 안에서 부분들이 합목적적으로 작용하면서 자신과 전체를 생산하는, 즉 유기적 전체로서 간주된다. 유기체에서는 전체가 일차적이며, 일단 전체의 역동성이 이해되면 최소한 원리상으로 부분들의 상호작용의 속성과 형태들이 파악될 수 있다. 셸링은 이것을 "각각의 부분은 전체의 개념에 의해 혼이 불어 넣어진다"(SW I/6, 378)고 표현한다. 따라서 유기체의 역동적인 조직은 하나의 자율적이고 전체론적인 인과구조(autonomes und ganzheitliches Kausalgefüge), 즉 스스로 완결적이고 원인과 결과들이 전체적으로 서로 균형을 유지하는 그런 인과구조 안에서만 성립한다고 하겠다. 이 인과구조와 관련해 여기에서 유기체가 하나의 **완결된 체계**라는 유기체 조직의 두 번째 특징이 나타난다. 셸링은 이렇게 유기체를 부분들의 단순한 총합이 아니라 부분들이 전체적으로 연결되어 있는 하나의 완결된 체계로 파악함으로써, 유기체에 대한 전체론적인 해석을 제시한다. 이러한 전체론적 사고방식은 오늘날 신과학운동의 기초를 놓은 미국의 물리학자 프리초프 카프라(Fritjof Capra)에 의해 어떤 현상을 보다 큰 전체의 맥락 속에서 이해하는 "시스템적 사고" 또는 "맥락적 사고", 더 나아가 "환경적 사고"(카프라, 1999: 59)로 불리며 생태학적 세계관의 기본 원리가 된다.

계속해서 셸링은 유기체의 세 번째 특징으로 부분과 전체의 객관적 관계를 나타내는 **개념이 유기체** 외부가 아닌 **자체 안에 있음**을 강조한다.

> 부분들과 전체 사이에는 하나의 **객관적** 관계가 존재한다. 말하자면 모든 유기체에는 하나의 **개념**이 그 근거에 놓여 있다. 왜냐하면 부분들에 대한 전체의 그리고 전체에 대한 부분들의 필연적 연관이 있는 곳에 **개념**이 존재하기 때문이다. 이 개념은 그러나 **유기체 자체 안**에 있는 것이며, 결코 유기체와 분리될 수 없다. 유기체는 **스스로 자신을 조직화하며**, 어떤 경우에도 단지 예술품은 아니다. 왜냐하면 예술품의 경우 그것의 개념은 그 **외부의** 예술가의 지성 안에 현존하기 때문이다.(SW I/2, 40 f.)

모든 유기체 근저에는 하나의 개념이 놓여 있으므로, 유기체에서 "전체의 개념은" 기계에서처럼 "낯선 관계를 통해 부분과 연결되지"(SW I/6, 378) 않는다. 오히려 "유기체에서 전체의 개념은 동시에 부분 자체의 개념이며, 부분으로 넘어가서 부분의 개념과 완전히 일치한다."(SW I/6, 378) 유기체의 기능적인 체계 안에서 개별적 부분들은 서로서로 전체의 기능과 또 부분 기능들의 상호 의존성과 연관되어 설명되기 때문에, 유기체 자체는 "하나의 **개**

자연과 공생하는 유토피아

념의 통일"(SW I/2, 42)을 형성한다. 따라서 개념의 통일에 상응하는 유기적 부분과 전체의 합일은 외적인 통일 또는 부분에 강요된 통일이 아니라 역동적인 자기조직화로 이해될 수 있다. 이러한 관점에서 유기체는 외적 영향을 통해 산출된 예술품이 아닌 바로 그 자신이 고유한 예술가로서 간주되고, 자신의 성립근거를 자기 내부에 가지고 있기에 자기규정, 자기보존, 자기산출의 활동들을 포괄하는 자기조직으로 일컬어진다.

유기체는 상호작용하는 자연현상들 근저에 있는 역동적인 유기적 조직이지만, "이미 유기적으로 조직화되어 있지 않고서는 자신을 조직화"(SW I/2, 41)할 수 없다. 이것은 마치 "외부 물질의 동화작용(Assimilation)을 통해 성장하고 존속하는" 식물이 이미 스스로 "유기화되어 있지 않고는 어느 것도 동화할 수 없는"(SW I/2, 41) 것과 같다. 이렇게 유기체는 "그의 형식뿐만이 아니라 그의 **현존**도 합목적적이고"(SW I/2, 41), 그렇기 때문에 또 유기체에서 형식과 질료(물질)는 불가분리적인 성격을 띤다. 셸링은 **형식과 질료, 개념과 대상의 불가분리성**을 통해 유기체의 네 번째 특징을 설명한다.

> 오직 유기체로부터만 유기체가 형성된다. 바로 그 때문에 유기적 산물에서 형식과 질료는 불가분리적이다. 규정된 질료는 오직 규정된 형식과, 또 반대로 규정된 형식은 오직 규정된 질료와 동시에 나타나고 발생할 수 있다.(SW I/2, 41)

유기체의 근저에 있는 개념은 [질료를 떠나] 그 **자체** 어떠한 실재성을 가지지 않으며, 또 반대로 규정된 질료는 [개념을 떠난] 질료 자체**로서가** 아니라 오히려 오직 규정된 질료에 내재하는 **개념**에 의해서만 **유기화된 물질**(organisierte **Materie**)이 된다. 따라서 규정된 대상은 오직 이 개념과 동시에, 그리고 규정된 개념은 오직 규정된 대상과 동시에 발생할 수 있다.(SW I/2, 44; [ ]안 글쓴이)

형식(개념)과 질료(대상)의 이와 같은 특성 때문에 규정된 질료(유기적 물질)는 규정된 형식(유기적 조직)을 통해서 산출된다. "여기에서 우리가 흔히 하듯이" 개념 또는 형식을 단순히 우리의 판단력에 귀속시켜 "개념과 대상, 형식과 질료를 분리하는 것은 더 이상 도움이 되지 않는다. 왜냐하면 적어도 **여기**[유기체]에서는 양자가 우리의 표상 안에서가 아니라 오히려 **대상** 자체 안에서 근원적이고 필연적으로 통합되어 있기 때문이다."(SW I/2, 41 f.; [ ]안 글쓴이) 따라서 셸링은 유기체의 특징을 다음과 같이 언급한다.

각각의 유기체는 하나의 전체이다. 그것의 통일성은 그 자체 안에 놓여 있으며, 그것을 하나 또는 다수로 생각하는 우리의 자의(Willkür)에 의존하지 않는다. 원인과 결과는 지나가고 사라지는 어떤 것이며, (일상적인 의미에서) 단순한 현상일 뿐이다. 유기체는 그러나 단순한 **현상**이 아니라 오히려 **그 자체** 객체이며, 더 정확히 말해서 자기 스스로 존립하는, 그 자체로 전체적이고 분할 불가능한 객체이다. 그리고 그것에서는 형식이 질료로부터 분리될 수 없으므로, 유기체의 **근원**은 물질 자체의 근원과 마찬가지로 기계론적으로 설명될 수 없다.(SW I/2, 41)

『세계영혼에 관하여』 제2판

한편 『세계영혼에 관하여』에서 셸링은 유기체를 그 자체에서 현존의 근거를 가지고 있는 분할 불가능한 실재로 간주하고, 그것의 합목적적 조직형태를 다양하고 변화무쌍한 자연현상 가운데서 **지속적인 것**을 나타내는 "개념(Begriff)"(SW I/2, 516)으로 이해한다. 이 개념에는 질료(물질) 속의 변화·분할·파괴될 수 없는 어떤 것이 상응한다. 유기체 조직의 다섯 번째 특징인 이 **분할과 파괴 불가능성**에 대해 셸링은 다음과 같이 말한다.

물론 이러한 생산물에서 **변화하지 않는 것**은 오직 다음과 같은 사실이 나타내는 개념이다: 질료와 **개념**이 이 생산물에서 분할 불가능하게 통일되어 있기 때문에 이 생산물의 **질료** 안에 또한 **파괴되지 않는 어떤 것**이 놓여 있어야 한다.(SW I/2, 516 f.)

무한한 분할을 통해서는 질료의 어떠한 부분도 만날 수 없고, 이 부분은 아직 전체를 표상하지 않고 전체를 거부한 다.(SW I/2, 517)

우리가 유기체의 질료를 분할한다면 살아있는 조직으로서 유기체의 형식은 회복할 수 없을 정도로 파괴될 것이다. 왜냐하면 이것은 시계처럼 단순히 다시 조립될 수 있는 것이 아니기 때문이다. 분할과정에서 목재나 철 같은 비유기적 물질들이 자신의 질료변화 없이도 분할될 수 있는 반면에, 유기적 물질은 전체의 화학적 조직에 의존하므로 분할되면 원상회복이 불가능하다. "따라서 **생산물**의 질료는 단지 **분할되지 않는** 한에서만 파괴되지 않을 수 있다. 즉 질료 **일반**(Materie überhaupt)이 아니라(이 경우 질료는 분할되어야 한다), 오히려 **규정된 생산물의 질료**인 한에서"(SW I/2, 517) 분할되지 않고 파괴되지 않는다. 이러한 이유로 유기적 "**물질은 그 자체 파괴될 수 없고**, 모든 **실재성**은 물질의 이 **근원적인 파괴 불가능성**에 달려 있다."(SW I/2, 517) 이렇게 유기체를 분할과 파괴가 불가능하고, 또 "**자연에서 개체의 특성을 지닌 것**"(SW I/2, 519 f.)으로 파악하는 셸링의 유기체 사상에서 우리는 라이프니츠 단자론(Monadenlehre)의 영향을 엿볼 수 있다.

자연과 공생하는 유토피아

3) 유기체적-전체론적 자연관의 생태학적 의의

셸링은 유기체에 대한 설명에서 기계 체계에 대한 유기체의 우위성을 강조하면서 유기체에는 기계론적 설명원리로는 파악되지 않는 고유한 특징이 있다고 주장한다. 즉 유기체는 그 자체에서 순환성을 바탕으로 서로 연결되어 있는 전체적으로 완결된 체계라는 것이다. 셸링은 이에 기반해 유기체로서의 자연을 그 전체성 속에서 스스로를 생산하는 실제성으로 이해하고 자연 전체의 발전과정을 제시한다. 이에 따르면 자연 전체, 즉 우주는 비유기적 자연에서 유기적 자연을 거쳐 인간의 정신(자기의식)으로까지 발전하는 하나의 거대한 유기체로 파악된다. 그런데 이렇게 인간을 포함한 자연 전체를 통일적으로 파악하는 그의 유기체적-전체론적 자연관은 오늘날 자연을 대상으로 간주하여 무분별하게 파괴하는 기계론적 자연관에 맞서 인간과 자연을 구원할 수 있는 대안적 패러다임으로 새롭게 평가될 수 있는가?

자연을 "스스로 조직되고 또 스스로 조직하는 하나의 전체" (SW I/3, 17)로서 고찰하는 셸링의 유기체적-전체론적 자연관은 주객 분리라는 이분법적 인식론에 근거해 자연을 지배대상으로 파악하는 근대 자연과학의 패러다임이 여전히 우세한 오늘날, 인간과 자연의 대립 관계를 철폐하고 서로 화해·통일할 수 있는 사유의 실마리를 제공한다. 따라서 그의 비범한 통찰은 기계론과 인간중심주의적 자연관에서 벗어나 생태계 전체를 고려하는 생태중심주의적 자연관에로의 근본적인 변화가 절박한 현 상황에서 새

시애틀 인디언 추장

롭게 주목받고 재평가되고 있다. 특히 셸링은 자연을 구성하는 각 요소의 내재적 가치를 인정할 뿐 아니라 그 요소들의 불가분 공생관계를 중시함으로써, 생태계의 '상호의존성'과 '통합성'에 살아있는 시스템의 본질이 있다는 생태학적 사유의 전형을 보여 준다. 셸링의 이러한 사유는 그가 사망한 해(1854년)에 세계인의 가슴을 울린 시애틀 인디언 추장의 유명한 연설문의 단편에서 잘 드러난다.

우리에게는 이 땅의 모든 부분이 거룩하다. 빛나는 솔잎, 모래 기슭, 어두운 숲속 안개, 맑게 노래하는 온갖 벌레들, 이 모두가 우리의 기억과 경험 속에서는 신성한 것들이다. 나무속에 흐르는 수액은 우리 홍인(紅人)의 기억을 실어 나른다. 백인은 죽어서 별들 사이를 거닐 적에 그들이 태어난 곳을 망각해 버리지만, 우리가 죽어서도 이 아름다운 땅을 결코 잊지 못하는 것은 이곳이 바로 우리 홍인의 어머니이기 때문이다. 우리는 땅의 한 부분이고 땅은 우리의 한 부분이다. 향기로운 꽃은 우리의 자매이다. 사슴, 말, 큰 독수리, 이들은 우리의 형제들이다. 바위산 꼭대기, 풀잎의 수

자연과 공생하는 유토피아

액, 조랑말과 인간의 체온 모두가 한 가족이다.

[…]

개울과 강을 흐르는 이 반짝이는 물은 그저 물이 아니라 우리 조상들의 피다. […] 강은 우리의 형제이고 우리의 갈증을 풀어준다. 카누를 날라 주고 자식들을 길러 준다.

[…]

인디언은 연못 위를 쏜살같이 달려가는 부드러운 바람 소리와 한낮의 비에 씻긴 바람이 머금은 소나무 내음을 사랑한다. 만물이 숨결을 나누고 있으므로 공기는 홍인에게 소중한 것이다. 짐승들, 나무들, 그리고 인간은 같은 숨결을 나누고 산다. […] 바람은 또한 우리의 아이들에게 생명의 기운을 준다.

[…]

모든 짐승이 사라져 버린다면 인간은 영혼의 외로움으로 죽게 될 것이다. 짐승들에게 일어난 일은 인간들에게도 일어나기 마련이다. 만물은 서로 맺어져 있다.

[…]

땅은 우리의 어머니 […] 땅 위에 닥친 일은 그 땅의 아들들에게도 닥칠 것이니, 그들이 땅에다 침을 뱉으면 그것은 곧 자신에게 침을 뱉는 것과 같다. 땅이 인간에게 속하는 것이 아니라 인간이 땅에 속하는 것임을 우리는 알고 있다. 만물은 마치 한 가족을 맺어주는 피와도 같이 맺어져 있음을 우리는 알고 있다. 인간은 생명의 그물을 짜는 것이 아니라 다만 그 그물의 한 가닥에 불과하다. 그가 그 그물에 무슨 짓을 하든 그것은 곧 자신에게 하는 짓이다.(김종철, 1993: 17-20)

셸링의 유기체적-전체론적 자연관은 시대와 장소를 초월하여 동서양 여러 사상에서 변주되고 있다. 오늘날 서양에서는 기계론적 자연관, 실체 개념, 심신이원론의 극복을 시도하고 독자적인 유기체 철학을 전개한 앨프리드 노스 화이트헤드(Alfred North Whitehead), 기계론적 사고로부터 시스템적 사고에로의 전환을 주장하는 카프라, 자기조직화 이론을 전개한 물리화학자 프리고진과 물리학자 헤르만 하켄(Hermann Haken), 인지생물학자 움베르토 마투라나(Humberto Maturana), 더 나아가 가이아 가설(Gaia hypothesis)*을 제시한 대기과학자 제임스 러브록(James Lovelock) 등에서 셸링과 유사한 견해가 발견된다. 이는 또한 모든 생명체의 통일성을 강조하는 동양(유교, 불교, 도교, 힌두교)의 유기체적 자연관에서도 나타난다. 특히 기(氣)를 중심으로 인간, 세계, 자연을 종합적으로 이해하고자 했던 송나라 성리학자 장재(張載)의 『정몽(正蒙)』, 「서명(西銘)」에 등장하는 다음 문장에서 셸링 사유의 선구적 형태가 드러나고, 이는 오늘날의 관점에서 생태학적 의의를 지니기에 충분하다.

건(乾)은 [하늘로서] 아버지라고 불리고,

곤(坤)은 [땅으로서] 어머니라고 불린다.

나는 여기서 조그만 모습으로 그 가운데에 뒤섞여 있다.

하늘과 땅에 가득 찬 것을 내 몸으로 삼고,

하늘과 땅을 이끌고 가는 것을 내 본성으로 삼는다.

사람들은 모두 한배에서 난 형제이고,

만물은 나와 함께 있[는 동료]다.(장재, 2002: 125)

■ **셸링**(Friedrich Wilhelm Joseph von Schelling, 1775~1854)

피히테, 헤겔과 함께 독일 관념론을 대표하는 철학자. 독일 남서부의 레온베르크에서 태어나 공식 입학 나이보다 2살 어린 15살에 튀빙겐대학 신학부에 들어갈 정도로 천재였고, 거기서 5살 연상의 헤겔, 횔덜린과 기숙사의 같은 방을 쓰며 깊은 우정을 나누었다. 그들은 프랑스 혁명에 열광해 튀빙겐대학 인근에 '자유의 나무'를 심었다는 이야기가 전해진다. 셸링은 19세에 첫 철학 저서『철학 일반 형식의 가능성』, 20세에『철학의 원리로서의 자아』(1795)를 출간하고 피히테의 영향력을 점차 벗어나 자립적인 철학자의 길을 걷기 시작했다. 셸링의 저서는 당시 헤겔에게 큰 자극을 주어 그가 칸트의 사상을 비판적으로 다시 바라보는 계기가 되었다.

대학 졸업 후 셸링은 슈투트가르트에서 가정교사로 일하다가 라이프치히로 갔는데, 그곳 대학에서 물리학, 화학, 의학 등의 강의를 들으며 자연과학 지식을 흡수하였고 이것이 그의 자연철학 구상의 기반이 되었다. 1798년에 그의 저서『세계영혼』에 주목하였던 괴테의 추천으로 불과 23세에 당시 독일 학문의 중심지 예나대학의 비정규 교수가 되었다. 예나에서 그는 낭만주의자 슐레겔 형제, 노발리스, 슐라이어마허 등과 교류하였고 나중에 그의 아내가 된 아우구스트 빌헬름 슐레겔의 부인 카롤리네와 사랑에 빠졌다. 예나 시절은 셸링에게 상당한 철학적 발전과 변화를 가져올 정도로 그의 학문적 활동이 왕성한 시기였고, 또 그의 전기 사상이 정점에 도달한 시기였다. 이 시기의 주요 저서에는『자연철학 체계의 제1기획』(1799),『자연철학 체계의 기획 서설』(1799),『선험적 관념론의 체계』(1800),『나의 철학 체계의 서술』(1801) 등이 있다. 그의 자연철학에 따르면 자연은 죽은 객체가 아니라 살아있는 주체로서, 스스로를 조직하는 유기체다. 그리고 그는 동일철학에서 정신과 자연을 동일자로 간주함으로써 칸트의 물자체(物自體)＊와 피히테의 자아의 문제점을 극복하고자 하였다.

젊은 날의 셸링과 그에게 많은 영감을 주었던 아내 카롤리네

1803년 셸링은 12살 연상이며 슐레겔과 이혼한 카롤리네와 결혼했지만, 그녀의 딸의 죽음을 둘러싼 소문과 카롤리네의 이혼 스캔들로 인해 예나대학을 사임하자 곧바로 뷔르츠부르크대학 정교수로 초빙받았다. 거기서 그는 자신의 동일철학을 전개하고 발전시키다가, 1806년 대학 통폐합으로 다시 뷔르츠부르크를 떠나 뮌헨으로 갔다. 뮌헨에서 희망하던 교수직을 얻지 못했지만, 초기에 학술원 기념강연 『조형예술과 자연의 관계』(1807)로 명성을 얻었고 조형예술원 사무총장으로 활동하는 등 행복한 생활을 하였다. 그러나 1809년 『인간 자유의 본질에 관한 철학적 탐구』의 출간 몇 달 후 사랑하던 아내의 급작스러운 죽음으로 셸링은 삶의 의욕을 잃고 실존적 위기에 빠졌다. 그때부터 그는 절필하고 인간의 내면과 영혼의 세계로 관심을 돌리게 되었다. 『인간 자유의 본질에 관한 철학적 탐구』는 셸링 후기 사상으로의 전환점을 보여주는 저서로 인간의 자유와 악의 문제를 신과 신의 존재 근거와의 관계에서 다룬다. 여기서 진술된, 세계의 근원에는 비합리적인 것이 존재한다는 관점은 셸링의 사망 때까지 그의 후기 사상의 기초가 되었다.

한편 아내의 죽음으로 절망에 빠졌던 셸링은 1812년 카롤리네의 절친한 친구 딸인 파울리네 고터와 재혼을 하고 다시 삶에서 평온을 찾았다. 1826년에 신설된 뮌헨대학에 정교수로 초빙되어 강의 기간(1827~1841) 동안 『철학적 경험론의 서술』, 『신화의 철학』, 『계시의 철학』, 『근대철학사』 등을 강의하였다. 이 강의들은 셸링에 의해 오랫동안 반복되고 확산되어, 그의 생전에 출간되지 않았음에도 불구하고 당시 사상계에 상당한 영향력을 미쳤다. 이처럼 셸링의 후기 사상은 헤겔의 범논리주의를 비판하고 순수 사유의 원리에 대한 근원적 물음을 제기하였다. 여기서 셸링은 사유가 존재에 선행하는 것이 아니라 존재가 사유의 근거라고 하면서, '미리 사유될 수 없는 존재의 시원적 모습'을 강조했다. 이 무렵 셸링은 헤겔을 자신의 적대자로 여기게 되었고, 따라서 헤겔의 『정신현상학』 출간 이후 발생한 양자의 간격은 이제 극복될 수 없을 정도로 벌어졌다. 1831년 헤겔이 사망하자 1841년 프로이센 정부는 헤겔좌파에 대항할 인물로 셸링을 베를린대학의 교수로 임용하여 헤겔주의적 범신론의 사악한 씨앗이 제거될 수 있기를 희망했다. 셸링의 취임연설에 훔볼트, 랑케, 키에르케고르, 바쿠닌, 부르크하르트, 엥겔스 등 유명인들이 참석했지만, 그 후 베를린에서의 그의 강의는 기대만큼 성공하지 못했고, 결국 1846년에 강의를 중단하였다. 셸링은 평생 자신의 철학적 과업을 완성하기 위해 지칠 줄 모르고 일했지만, 말년에는 철학적 작업 외에 가족과의 유복한 생활 및 친구들과의 교제에 많은 시간을 보냈다. 그리고 1853년에 미간행 저술의 처리를 위해 아들에게 유언장을 남겼고, 그 다음해(1854년) 점막의 염증 때문에 스위스의 바트 라가츠로 요양을 하러 갔다가 거기서 79세를 일기로 생을 마감하였다.

　　최근 헤겔류의 절대이성의 철학에 반대하는 포스트모더니즘 계통의 학자들에 의해 셸링의 후기 사상이 주목을 받고 있으며, 초기 사상인 자연철학 역시 생태위기라는 시대적 관심이 높아짐에 따라 활발히 연구되며 재평가되고 있다.

제5장

인간과 자연의 통일

"자연은 가시적인 정신이
어야 하고 정신은 비가시
적인 자연이어야 한다."

-셸링, 『자연철학의 이념』

1. 셸링 자연철학에서 정신과 자연의 동일성

셸링의 자연철학 저술 작업은 개괄적으로 말해 자연에 관한 연구가 본격적으로 시작되는 1797년부터 동일철학(Identitätsphilosophie)의 마지막 시기인 1806년에 걸쳐 전개된다. 자연철학의 서술은 『자연철학의 이념』을 시작으로 『세계영혼에 관하여』를 거쳐 『자연철학 체계의 제1기획』, 『자연철학 체계의 기획 서설』에 이르기까지 본격적으로 체계화되고, 그 후 동일철학 시기의 여러 저술에 산발적으로 나타난다. 셸링은 자연철학의 고유한 과제가 우선 자연의 인식가능성을 설명하고 그다음 정신과 물질, 인간과 자연의 낡은 이원론을 극복한 후 종국적으로 세계를 합목적적으로 질서 지워진 통일로 묘사하는 데 있다고 보았다.

『자연철학의 이념』에서 셸링은 자연철학의 근본적인 구상과 이념을 포괄적으로 제시하며 자연인식 일반의 성립 가능성을 다룬다. 그는 먼저 칸트의 『순수이성비판(Kritik der reinen Vernunft)』을 모델로 하여 "우리 외부의 세계는 어떻게 가능한가? 자연과 자연에 대한 경험은 어떻게 가능한가?"(SW I/2, 12)라는 물음을 제기한다. 그의 설명에 따르면, 이런 물음을 던지기 이전에 인간은 자연과의 근원적 통일의 신비적 상태라고 할 수 있는 "(철학적인) 자연상태에 살고 있었고, 그때 인간은 여전히 자기 자신과 자신을 둘러싼 세계와 합일되어 있었다."(SW I/2, 12) 이러한 자연과의 무의식적 합일 상태에서는 아직 외부 세계가 어떻게 인식 가능한지, 인간과 자연이 무엇을 통해 서로 연결되는지, 자연의 통일은 어디에 있는지에 대한 물음이 생겨날 수 없었고, 이런 물음을 사유의 기원으로 삼는 철학 또한 시작될 수 없었다. 그러나 인류는 자연상태에 계속 머무를 수 없었기 때문에, "**자유**를 본질로 삼는 인간정신은"(SW I/2, 12) "스스로 자연의 속박과 배려에서 벗어나 자기자신의 힘의 불확실한 운명에 자신을 맡겨야 했고"(SW I/2, 12 f.), 반성(Reflexion)을 통해서 자연과의 소박한 통일 상태를 벗어나게 되었다.

반성은 셸링에 따르면 나와 세계의 분리를 전제하고, 철학적 물음을 가능하게 하는 것으로 철학의 본령에 속한다: "철학은 그러한 근원적 분리를 전제**해야 한다**. 그런 분리가 없다면 철학하고자 하는 어떠한 욕구도 갖지 않았을 것이기 때문이다."(SW I/2, 14)

그렇지만 이 반성이라는 사유와 더불어 인간은 자신을 둘러싼 세계로서의 자연을 벗어나 점차 자연을 대상화하고 결국에는 자연과 대립하게 된다.

> 인간이 자기 자신을 외부 세계와 대립된 것으로 정립하자마자(그가 어떻게 이것을 행했는지는 나중에 언급함), 철학에로의 첫걸음이 내디뎌졌다. 이 분리와 더불어 비로소 반성은 시작된다. 이때부터 인간은 자연이 항상 통합하는 것을 분리한다. 즉 대상을 직관으로부터, 개념을 표상으로부터, 결국에는 (그가 자기 자신의 **대상**이 됨으로써) 자기 자신을 자기 자신으로부터 분리한다.(SW I/2, 13)

반성은 우리가 철학적 물음을 제기하는 데 필요하지만, 그것은 "단지 **수단**일 뿐 **목적**이 아니다"(SW I/2, 13). 왜냐하면 "인간의 본질은 행위(Handeln)이고"(SW I/2, 13), 순수한 자체 목적으로서의 반성은 "인간과 세계 사이의 분리를 영구적인 것으로 만들어"(SW I/2, 14), 인간 개개인을 자연 전체로부터 단절시키고 실존의 공포와 상실감을 느끼게 하기 때문이다. 따라서 "둘 사이에 접촉과 상호작용이 가능해야 하고" "그러한 접촉과 상호작용을 통해서만 인간은 인간이 된다"(SW I/2, 13)는 것을 상기할 필요가 있다. 이 점에서 셸링은 그 후 독일의 철학자 헤겔, 철학적 인간학자 아놀드 겔런(Arnold Gehlen), 덴마크의 실존철학자 쇠렌 오뷔에 키에르케고르(Søren Aabye Kierkegaard)가 동일한 방식으로 강조하듯이, "**단순한** 반성은 인간이 갖는 일종의 정신병"(SW I/2, 13)이라고 지적하며, 이 반성이 다시 철학에 의해 극복되어야 한다고 역설한다. 따라서 셸링에 따르면 이제 철학의 과제는 인간이 반성으로 야기된 자연과의 병리학적인 분리를 극복하고, 실천이성의 관점에서 자신을 다시 자연의 질서로 복귀시켜, 자연과의 잃어버린 통일을 회복하는 데 있다.

> 그러므로 철학은 반성에 오직 **소극적** 가치만을 부여한다. 철학은 근원적 분리에서 출발하지만, 이것은 인간 정신 안에 본래 **필연적으로** 통합되어 있던 것을 [반성을 통해 분리한 후] 자유에 의해 다시 통합시키기 위해서, 즉 그 분리를 영원히 철폐하기 위해서이다.(SW I/2, 14; [ ]안 글쓴이)

이처럼 자연에로의 복귀나 자연과의 통일 회복은 인간이 과거 자연과의 무의식적 합일 상태로 단순히 회귀하는 것을 의미하는 것이 아니다. 이것은 자유를 매개로 하는 자연과의 발전된 관계를 통해 자연으로 귀환하는 **변증법적 과정**을 의미한다. 셸링은 이런 관계를『자연철학과 철학일반의 관계에 대하여(*Über das Verhältnis der Naturphilosophie zur Philosophie überhaupt*)』에서 다음과 같이 말한다.

> 근대적 자연 고찰의 조야한 엄숙과 불투명한 감정으로

부터 희랍 자연관의 명랑함과 순수성으로 다시 돌아가는 것에는 전망이 없어 보이고, 사색을 통해 잃어버린 동일성을 회복하며, 또 보다 높은 활력 단계에서 균열을 다시 지양하는 도정에는 전망이 있어 보인다. 왜냐하면 첫째 것을 한 번 넘어선 후에 그것으로 다시 돌아가는 것은 거부되기 때문이다.(SW I/5, 121)

여기서 우리는 '분리의 철폐와 근원적인 동일성에로의 회귀 추구'라는 셸링 전체 철학에 내재해 있는 정형화된 도식을 발견할 수 있다. 특히 인간 정신을 자연 속에 묻혀 있던 미성숙의 상태로부터 이끌어 내어 **보다 성숙한 차원**에서 자연으로 귀환시키려는 변증법적 구상에는 셸링이 제시하는 정신과 자연의 근원적 동일성이 함축되어 있음을 알 수 있다. 따라서 그의 자연철학의 근본이념은 정신과 자연의 동일성의 원리 위에 기초해 있고, 이 동일성의 사유는 셸링의 자연철학과 그 발달을 이해하는 열쇠라고 할 수 있다. 셸링은 정신과 자연이 서로 통합되어 있으며 **원리적으로** 다른 것이 아니라 동일한 것임을 『자연철학의 이념』에서 다음과 같이 설명한다.

인간 정신은 사물의 근거를 한편에서는 자연 자체에서, 또 다른 한편에서는 자연을 초월한 원리에서 찾으려 했다. 그러므로 인간 정신은 아주 일찍부터 정신과 자연을 하나로 생각하게 되었다. [⋯] 나 자신이 자연과 **동일한** 것인 한, 나는 나 자신의 생명을 이해하듯이, 생동적인 자연이 무엇인지를 잘 이해한다. [⋯] 그러나 내가 나를 그리고 나와 더불어 모든 이념적인 것을 자연으로부터 분리하자마자, 나에게는 죽은 객체 이외에 다른 아무것도 남겨지지 않게 되며, 나는 어떻게 나의 **외부에 생명**이 가능한 것인지 파악하는 것을 중단하게 된다.(SW I/2, 47 f.)

또한 그는 정신과 자연이 각각 서로의 활동에 잘 조응하는 조직 체계를 갖고 있다는 점에 착안하여 자연 인식의 근거를 정신의 구조로부터 설명한다. 원리적으로 볼 때 "자연의 체계는 동시에 우리의 정신의 체계"(SW I/2, 39)이므로, 자연은 정신의 법칙을 실현하는 한에서 자신을 인식할 수 있다는 것이다.

우리가 해명하고자 하는 것은 자연이 우리의 정신 법칙에 우연히(이를테면 제3자의 매개에 의해) 일치한다는 것이 아니고, 오히려 **자연은 그 자체** 필연적이고 근원적으로 우리의 정신 법칙을 **표현할** 뿐만 아니라, 또 스스로 그 법칙을 **실현한다**는 것이다. 나아가 자연이 그 법칙을 실현하는 한에서만 자연은 자연이 되며 또 자연이라고 불린다는 것을 해명하고자 한다.(SW I/2, 55 f.)

자연과 공생하는 유토피아

정신과 자연의 동일성이 처음으로 제시된
『자연철학의 이념』 초판본

셸링은 근대 이후 누구보다 철저하게 관념론과 실재론의 대립을 극복하고자 동일성의 원리와 관점에서 주관과 객관, 정신과 물질, 인간과 자연의 존재론적 동일성을 사유한 사람이다. 따라서 우리가 셸링에 따라 세계를 통일적으로 파악하고자 한다면, "객관적인 것과 주관적인 것의 동일성에 대한 학설, 즉 객관적인 것이 다만 객관-주관적인 것이라는 것은 최상의 자연현상을 인식하는 열쇠"(SW I/6, 458)라는 그의 주장에 주목할 필요가 있다. 여기서 우리는 생태학적 통찰에 있어 칸트와 헤겔을 능가하는 셸링 자연철학의 탁월성을 발견할 수 있다.

생태학적 관점에서 볼 때 셸링에서 인간과 자연을 분리시키는 어떠한 이원론도 존재하지 않는다는 것은 중요한 의미를 지닌다. 그의 견해에 따르면 인간 정신과 자연은 그의 철학일반의 중심원리인 '절대자'(자연철학에서는 '무한한 활동성으로서의 자연')가 자신의 고유한 발전단계에 따라 스스로를 드러내는 활동의 다양한 (의식된 또는 무의식된) 형태에 불과하고, 또 양자는 본질적으로 동일하다. 그러나 정신과 자연이 본질상 동일하다고 해서 셸링은 그 생성과정을 무시한 채 정신이 곧 자연이고, 자연이 곧 정신이라고 설명하지는 않는다. 그는 절대적 생산성, 즉 무한한 자연의 활동 과정에 발전, 생성, 역사 개념을 도입함으로써 정신과 자연의 동일성 사이에 역사를 개입시킨다. 따라서 생성사적 관점에서 볼 때, 전체로서의 자연이 스스로 자신의 생성과정에 대해 의식하지 못하는 낮은 단계가 물질이라면, 그것에 대해 스스로 의식하는 가장 높은 단계가 인간 정신이라 할 수 있다.

인간과 자연 간의 대립이 극복되고 통일되기 위해서 "자연은 가시적인 정신이어야 하고 정신은 비가시적인 자연이어야 한다. **여기**, 우리 **안**의 정신과 우리 **밖**의 자연의 절대적 동일성에서"(SW I/2, 56) "모든 이원론은 영원히 폐기되고", "모든 것은 절대적 하나가 된다."(SW I/4, 102) 이러한 정신과 자연의 절대적 동일성 명제에서, 주체 외부에 '물자체(物自體)'를 상정한 칸트를 비판함과 동시에 독립적 물자체를 부정하며 동일철학적 통찰을 선취한 스피노자와 라이프니츠를 수용함으로써, 주체와 객체 및 정신과 자연을 통일적으로 사유한 셸링철학의 핵심이 잘 드러난다. 여기서 정신과 자연의 동일성은 의미상 인간의 관점에서 파악하는 개념일 수밖에 없지만, 자연을 인간의 이원론적 인식 모델을 넘어선 차원에서 새롭게 고찰하게 한다는 점에서 긍정적 의의를 지닌다. 또한 이것은 자연의 본질을 파악하는데 단독 주관(das alleinige Subjekt)의 원리를 고수하며 자연을 대상화하는 사유방식에 젖어 있는 우리에게 새로운 사유의 틀을 제공하는 것으로, 인간중심주의적 자연관 극복과 인간과 자연 간의 예속 없는 통일을 가능하게 한다. 이것은 마치 당나라 때 화성(畫聖)이라 추앙받았던 오현도(吳玄道)가 자신이 그린 그림 속으로 사라졌다는 전설처럼, 주관과 객관의 대립을 넘어서 이해된 자연의 경지를 보여 주는 것이다. 따라서 자연을 근대 자연과학의 태도처럼 인간과 분리된 것이 아니라, 인간이 그 속에 포함된 전체로서 간주하고, 인간과 본질적인 면에서 동일한 것으로 사유한 셸링의 비범한 통찰에서 오늘날의 생태위기를 극복할 사유의 실마리를 발견할 수 있다.

2. 셸링 자유철학에서 자유와 자연의 결합

동일철학의 시기인 1806년까지 자연문제를 천착한 셸링이 그의 사유의 큰 변화가 시작되는 1809년 이후, 소위 후기 사상이라 불리는 시기에서도 관심의 끈을 놓지 않은 것은 세계의 생성과 구성이라는 중심문제의 이면에 깔린 자연에 관한 문제였다. 자연은 여전히 셸링의 후기 사상에서 주요 주제 중의 하나로 남는다. 특히 『인간 자유의 본질에 관한 철학적 탐구(*Philosophische Untersuchungen über das Wesen der menschlichen Freiheit und die damit zusammenhängenden Gegenstände*)』(1809)에서 그는 세계창조의 맥락과 관련해 인간 자유의 가능성과 한계에 주목하면서 인간과 자연 그리고 신의 생동적인 연관관계를 근원적으로 해명한다.

우리가 여기서 중점적으로 고찰하는 인간과 자연 관계에서 관심의 초점은 자연으로부터 인간의 소외 문제이다. 인간은 한편으로 자연환경에 의존하는 자연적 존재(Naturwesen)이며, 다른 한편으로 자신의 실천행위를 통해 자연과 관계함으로써 자연을 넘어 자립할 수 있는 자유로운 존재이다. 셸링은 인간 존재가 함축하고 있는 자유의 성격을 파악하기 위해 자연과의 연관 속에서 인간의 자기성(Selbstheit)을 논의한다. 여기서 자기성은 "자연의 근거로부터 분출된 원리"(SW I/7, 364)로서 정신(Geist) 및 의지(Wille)로 정의된다.

> 자기성 그 자체는 정신이며, 또는 달리 말해 인간은 자기적이고 (신과 구분되는) 특별한 존재로서의 정신이다. 이 결합이 바로 인격성을 형성한다. 그러나 자기성이 정신이라는 사실을 통해 자기성은 동시에 피조물에서 초피조물로 고양된다. 자기성은 자기 자신을 완전한 자유 안에서 파악하는 의지이다. 이것은 더 이상 자연 안에서 생산되는 보편의지의 도구가 아니라, 오히려 모든 자연 위와 자연 밖에 존재하는 것이다.(SW I/7, 364)

인간은 자연 의존적이면서 동시에 자기성(정신, 의지)에 의해 자연으로부터 자유로운 이중적 특징을 지닌 존재인데, 우리가 인간 존재의 이러한 이중성을 무시하고 인간의 정신과 의지만을 절대화하여 자연으로부터의 그의 생성과 근거를 부정한다면, 셸링

자연과 공생하는 유토피아

이 지적하듯이 **자연**과 **신**[10]으로부터 인간소외가 나타난다. 이것은 바로 인간이 오직 스스로 존재하길 원하고 스스로에 대해서만 책임을 지려는 방식으로, 자신이 근거하고 있는 삶의 전체적-역사적 맥락을 부정함을 의미한다. 이렇게 자기성의 절대화를 통해 근원적 존재와의 통일과 결속으로부터 분리되어 나타나는 인간의 개별적 또는 집단적인 자기 추구, 더 나아가 모든 것의 절대 주인이고자 하는 인간의 이기심(Selbstsucht)은 종국적으로 자기 파멸로 귀결되고 절대 악(das absolute Böse)으로 드러난다.

> 그[중심에서 벗어난 사람]는 자기 자신을 향해 나아가려 하고 그가 있을 수 있는 곳, 즉 신으로 향하지는 않는다. 이로부터 이기심의 갈망이 생겨난다. 이 이기심은 그것이 전체와 통일성으로부터 자신을 단절시키면 시킬수록 점점 더 결핍되고 빈곤하게 되며, 바로 그 때문에 더욱더 탐욕적이고 갈망에 시달리며 악의에 차게 된다. 인간이 피조성(Kreatürlichkeit)의 결속을 끊으면서 그리고 모든 것이 되고자 하는 오만으로부터 무(Nichtsein)로 전락하면서, 창조적이 되려고 애쓰는 것은 악 속에 들어 있는 자기 스스로를 소모시키고 파멸시키는 모순이다.(SW I/7, 390 f.; [ ]안 글쓴이)

한편 자연으로부터 정신에로의 고양 가능성과 고양되면서 자연과의 결속을 벗어나 자기 파멸에 이르게 될 타락 가능성을 동시에 함축하는 인간 자유의 모순은 어떻게 극복될 수 있을까? 이 심각한 모순은 인간이 자연과 자유로부터 규정되는 자신의 변증법적 이중성을 의식적으로 수용하면서, 자신의 자유를 자연의 포괄적 작용 맥락 아래서 그리고 자연 전체에 대한 책임 아래서 실현하려고 할 때 극복될 수 있다. 이것을 셸링은 신학적인 맥락에서 "자극된 자기성 자체가 악이 아니라, 단지 자기성이 그와 대립되는 것, 즉 빛 또는 보편적 의지로부터 완전히 이탈되는 한에서만 악이다. […] 인간의 의지가 현실화된 자기성을 사랑으로 포용하고, 그것을 보편적 의지로서의 빛 아래에 둔다면 이로부터 비로소 현실적인 선(Güte)이 발생한다"(SW I/7, 399 f)라고 은유적으로 표현한다.

우리는 여기에서 셸링이 인간 자유가 자연과의 대립을 넘어선으로 향하는 화해 모델로서 자유와 자연의 매개·통합 과정을 암시하고 있음을 간파할 수 있다. 이런 맥락에서 의식적 생산성으로서의 인간 자유는 그 생산 기반인 자연의 무의식적 생산성과의 연관 속에서 파악되며, 또 의식적 생산과 무의식적 생산이 서로 결합하는 일련의 통일적 생산과정이 생성된다고 하겠다. 이 새로운 과정에서 인간은 자연과의 본질적인 통일을 유지할 수 있고, 따라서 마르크스가 말하는 자연으로부터의 소외가 극복되는 지평이 열린다.[11] 셸링과 마르크스의 충실한 계승자인 블로흐는 여기서 더 나아가 자연의 착취로 치닫는 산업의 재앙적 성격에 대한 경고와 자연적 기반의 중요성을 강조하면서 인간 주체와 자연 주체의 공동생산성을 통해 매개된 '제휴기술'을 제시한다. 이 점에서 마르크스와 블로흐는 셸링의 관념론적 지평과는 달리 유물론적 지평에서 인간과 자연의 변증법적 통일을 추구한다.

제6장

인간과 자연의 공생

"사람은 땅을 본받고,

땅은 하늘을 본받고,

하늘은 도를 본받고,

도는 스스로 그러함

을 본받는다."

-노자, 『도덕경』

　　인간과 자연의 통일적 고찰 외에 우리가 셸링 철학에서 주목
할 가치가 있는 것은 그가 유기체적-전체론적 관점에서 자연을
생동하는 주체로서 파악했다는 점이다. 그는 자연을 피히테처럼
자아로부터 연역된 것으로, 헤겔처럼 지양되어야 할 정신의 소외
된 모습으로서가 아니라, 정신의 근원적 상태이며 주체성의 원천
으로 보았다. 이러한 사유는 기계론적 자연관에 대한 반성과 비판
으로 등장한 유기체적 자연관의 전형으로서 생태위기 극복에 유
용한 인간과 자연의 공생과 연대의 원리를 함축하고 있다.

　　앞서 언급했듯이 셸링은 유기적 전체성의 차원에서 인간을 포

함한 자연에 근원적인 생산성과 주체성을 부여함으로써, 자연을 인간이 좌지우지하거나 대상화할 수 없는 '고유한 타자(das eigene Andere)'로 간주한다. 따라서 그가 제시하는 주체로서의 자연 개념은 자연을 단순한 객체가 아닌 자립성을 가진 하나의 고유한 주체로 파악함과 동시에, 오랫동안 인간에 의해 박탈되었던 자연의 권리를 되돌려줌을 의미한다. 즉 자연에 기계론적 자연관과 인간중심주의적 태도 및 자연과학의 냉엄한 객관주의를 통해 잃어버린 존엄성의 지위를 회복시키고 대상으로서만 존재했던 자연의 운명을 해방함을 의미한다. 이 점에서 셸링은 자연을 인간에 종속된 존재가 아니라 스스로 고유한 합목적성과 가치를 지닌 자립적 존재로 파악하고, 더 나아가 인간과 자연의 심층에 유기적 차원의 '공통적 주체성(gemeinsame Subjektivität)'이 놓여 있음을 시사하고 있다.

한편, 여기서 말하는 공통적 주체성은 서로 의존하지 않고 각각 독립기반을 가진 한 주체(여기에 있는 인간 존재)와 또 다른 주체(저기에 있는 자연 존재) 사이에 성립하는 '상호 주체성(Intersubjektivität)'을 의미하지는 않는다. 그것은 인간과 자연 존재들을 유기적으로 연결하는 전체의 근저에 놓이는 **근원적 주체성**'을 의미할 뿐만 아니라, 또한 인간 주체의 좁은 범위를 벗어나 자연 전체의 넓은 범위로 확장되는 '**포괄적 주체성**'을 의미한다. 이 공통 주체성의 원리를 통해 각각 층위가 다른 인간과 자연 존재들이 주체성과 고유성을 가지고 공생할 수 있는 '공동 주체' 개념이 성립되며, 여기서 존재들 간의 억압적 위계질서가 없는 평화적 관계가 유지되어 생태위기를 극복할 지평이 열린다.

공동 주체 개념은 셸링에게 있어서 자연 전체로 확장되어 있다. 이 점에서 "자연은 무제약적 실재성을 가지며", "스스로를 조직하는 하나의 전체"(SW I/3, 17)라는 셸링의 자연 개념은 자연 생태계 전반을 포괄하는 20세기 노르웨이 생태철학자 아르네 네스(Arne Naess)의 "대자아(Self)"[12]와 물리학자 장회익의 "온(생명으로서의) 우리"[13], 모든 영혼과 생명의 근원을 의미하는 19세기 미국의 초월주의 시인이자 사상가 랄프 왈도 에머슨(Ralph Waldo Emerson)의 "초영혼(Oversoul)"[14], 그리고 인격·비인격, 생명·무생물을 막론하고 모두가 우주적 주체라는 시인 김지하의 "우주적 공동 주체"(김지하, 2005: 247) 개념과 일맥상통한다. 결국 셸링에서 전체로서의 자연은 그 자체의 발전과정에 따라 무기물과 동식물 및 인간을 그 속에 포함하는 근원적이면서도 포괄적인 주체이며, 우리가 소속감과 연대감을 느낄 수 있는 가장 큰 공동 주체이다.

한편, 주체 개념이 이렇게 자연 전체를 포괄하는 가장 큰 공동 주체로 확장된다고 하더라도 작은 주체들, 즉 인간을 비롯한 유기적 또는 비유기적 존재들이 해소되거나 의미를 상실하는 것은 아니다. 작은 주체는 큰 공동 주체의 한 부분으로서 그 나름대로 의미와 역할을 가지며, 또 공동 주체와 함께 삶의 주체로 인식되기에 우리의 세계를 다차원적으로 이끌어 간다. 다시 말해 작은 주체들이 모두 공동 주체, 즉 공생자로서 주체성을 인정받는다면 각자가 고유한 세계와 가치를 지니는 '다원론적 세계관'이 성립되고, 더 나아가 이를 바탕으로 생태중심주의적 차원의 '**존재론적 평등**'이 실현되고, 전체 체계는 '역동적인 균형'을 유지한다. 궁극적으로는 셸링이 의도하는 가장 큰 공동 주체 또는 공동체로서의 자연이 완전히 내 몸과 같이 느껴질 때, 자연은 소리 없이 우리의 동반자나 이상적 공동체로 다가올 것이다. 여기서 모든 생명체와 교감할 수 있는 우주적으로 확대된 자아, 즉 영성의 자각이 일어난다. 이렇게 자연을 우리의 동반자나 공동체로 간주함으로써 생태적 영성의 중요성을 일깨운 또 다른 선구자로는 새들과도 대화했던 이탈리아 아시시(Assisi)의 성 프란치스코(St. Francisco)를 꼽을 수 있다. 그는 일명 "태양의 찬가"라고도 불리는 "피조물의 찬가(Cantico delle creature)"에서 하느님을 향한 찬미를 그의 피조물이자 우리의 형제·자매인 자연에 대한 사랑과 공경을 통해 다음과 같이 표현하고 있다.

> 저의 주님, 찬미받으소서.
> 주님의 모든 피조물과 함께,
> 특히 형제인 태양으로 찬미받으소서.
> 태양은 낮이 되고 주님께서는 태양을 통하여
> 우리에게 빛을 주시나이다.
> 태양은 아름답고 찬란한 광채를 내며
> 지극히 높으신 주님의 모습을 담고 있나이다.

자연과 공생하는 유토피아

저의 주님, 찬미받으소서.

누이인 달과 별들로 찬미받으소서.

주님께서는 하늘에 달과 별들을

맑고 사랑스럽고 아름답게 지으셨나이다.

저의 주님, 찬미받으소서.

형제인 바람과 공기로,

흐리거나 맑은 온갖 날씨로 찬미받으소서.

주님께서는 이들을 통하여 피조물들을 길러 주시나이다.

저의 주님, 찬미받으소서.

누이인 물로 찬미받으소서.

물은 유용하고 겸손하며 귀하고 순결하나이다.

저의 주님, 찬미받으소서.

형제인 불로 찬미받으소서.

주님께서는 불로 밤을 밝혀 주시나이다.

불은 아름답고 쾌활하며 활발하고 강하나이다.

(프란치스코 교황, 2015: 71-72)

조토 디 본도네, <새들에게 설교하는 성 프란치스코>

자연과 공생하는 유토피아

■ 성 프란치스코(St. Francesco, 1182~1226)

13세기 유럽의 사상, 문화에 절대적인 영향을 끼친 가톨릭교회의 성인. 이탈리아의 부유한 상인의 아들로서 태어나 청년 시절 '작은형제회'을 조직했는데 이것이 프란치스코 수도회가 되었다. 그는 인간과 자연에 대한 넘치는 사랑으로 청빈한 생활을 하였고, 말년에는 중병으로 고통을 받아 시각장애인이 되었는데, 비참한 생활 속에서도 하나님에 의해 창조된 모든 것을 찬미하는 "태양의 찬가"를 지었다. 1224년에는 아시시에서 멀지 않은 아르베르나 산상에서 그리스도의 수난의 표시인 성흔(聖痕)을 몸에 받았다고 전해진다. 사후 2년이 지나 성인에 오르게 되었고, 특히 그의 자연 친화주의적 사상은 기독교와 생태주의*의 연관성, 공존 가능성을 입증하는 사례로 꼽힌다.

제7장

자연과의 연대와 제휴기술:
블로흐의 기술철학

"부패한 계급이 지닌 이데올로기의 근본적 특징은 인간과 우주 사이의 조화로움을 상상할 능력을 조금도 갖고 있지 않다는 것이다."

- 로제 가로디

1. 인간과 자연의 연대 유형

인간과 자연 관계의 문제는 생태위기에 직면한 인류가 풀어야 할 중요한 철학적 과제 중의 하나이므로, 우리는 지금까지 '인간이 자연을 어떻게 바라보고 다룰 것인가?'라는 자연관의 문제를 중점적으로 살펴보았다. 오늘날의 관점에서 볼 때, 선사시대 원시인처럼 자연을 두려워하여 자연에 순종하는 태도, 고대 그리스인의 자연관처럼 자연을 이용하기보다 관조하는 데 큰 목적을 두는 태도, 그리고 근대 유럽인의 자연관처럼 실용적 관심에서 자연을 지배하는 태도 모두가 바람직하지 않다면, 앞으로 자연에 대한 어떤 태도가 우리에게 이상적일까? 여기서 자연을 단지 대상으로서 관조하거나 지배하기보다는 인간과 자연이 두 주체로서 서로 조화를 이루며 연대하는 모델이 설득력 있는 대안으로 다가온다. 일상 대화에서 '나와 너'라는 두 주체가 서로를 인격적으로 대우함으로써 진정한 소통과 목적을 이룰 수 있는 것처럼, 인간과 자연 두 주체가 연대함으로써 화합하고 공생하는 모델은 서양보다 동양 사상에서 풍부하게 발견된다.

불교의 『중아함경(中阿含經)』에서 붓다는 땅, 물, 불, 바람, 생명현상 등 모든 사물에 관한 앎을 5가지로 분류한다. 예를 들어 땅을 땅으로 여기는 것을 '즉자적 앎', 땅을 생각하는 것을 '대자적 앎', 땅에 있어서 생각하는 것을 '주관적 앎', 땅으로부터 생각하는 것을 '객관적 앎', 땅을 자기의 것으로 생각하는 것을 '소유적 앎'으로 설명한다. 여기서 붓다는 올바른 진리를 깨닫기 위해서는 땅, 물, 불, 바람, 생명현상 등을 즉자적, 대자적, 주관적, 객관적, 소유적으로 아는 것을 중지해야 한다고 가르친다. 왜냐하면 중생을 해롭게 하는 탐욕, 분노, 어리석음 등에 따라 즉자적, 대자적, 주관적, 객관적, 소유적 의식이 일어나기 때문이다. 결론적으로 붓다는 인드라망처럼 삼라만상의 모든 것이 연기적으로 연결되어 있으므로 모든 만물이 하나의 생명공동체임을 깨달아야 한다고 강조하며, 우주를 전체적인 관점에서 파악하고 살아갈 것을 설법한다. 결국 이를 통해서 중생은 탐욕, 분노, 어리석음을 떨치고 본래의 마음을 회복할 수 있다는 것이다.

한편 『주역(周易)』도 자연을 기(氣)로 구성된 개별 생명체의 유기적 연결망으로 파악하여 각 개체의 상호 의존성을 강조한다. 특히 자연에는 단지 생명성만이 아니라, 심적인 요소가 있음을 적극적으로 인정한다. 여기서 중요한 점은 이러한 '물아일체(物我一體)'가 단순히 이론적 차원에서가 아니라, 능동적인 실천 수행과 지속적인 탁마(琢磨)에 의해서만 유지된다는 사실이다. 이러한 실천적 행위를 통해 '천인합일(天人合一)', 즉 인간과 자연이 합일 또는 화합할 수 있는 차원이 열리는 것이다. "사람이 도를 넓히는 것이지, 도가 사람을 넓히는 것은 아니다(人能弘道 非道弘人)"(『논어』, 위령공(衛靈公)편)라는 공자의 말씀이 이를 잘 증명한다.[15]

또한 서양사상의 원류 중의 하나인 기독교에서도 자연 생명체들 간의 관계뿐만 아니라 인간이 자연과 평화롭게 살아가는 이상적인 사회의 모습을 찾아볼 수 있다. 구약 성경은 이를 다음과 같이 묘사하고 있다.

> 그때에 이리가 어린 양과 함께 살며, 표범이 어린 염소와 함께 누우며, 송아지와 어린 사자와 살진 짐승이 함께 있어 어린 아이에게 끌리며, 암소와 곰이 함께 먹으며 그것들의 새끼가 함께 엎드리며 사자가 소처럼 풀을 먹을 것이며, 젖 먹는 아이가 독사의 구멍에서 장난하며 젖을 뗀 어린 아이가 독사의 굴에 손을 넣을 것이라.(「이사야」 11장 6~8절)

그러면 사람이 도를 넓힌다는 공자의 말씀이나 송아지와 어린 사자를 함께 묶어 끌고 다니는 어린 아이 모습에서 인간의 역할을 알 수 있듯이, 이제 셸링의 자연철학을 넘어 블로흐의 기술철학에서 인간과 자연이 공생하고 연대할 수 있는 실천적 논의를 구체화해 보자. 셸링은 자연의 주체적 측면보다 객체적 측면을 중시한 시대의 흐름에 거슬러 자연의 양 측면을 함께 사유하여 정신과 자연을 본질적으로 동일한 것으로 파악하였다. 또 이와 더불어 자연을 고유한 가치를 지닌 주체로 간주함으로써 근대적 한계를 넘어 자연을 고찰하였다. 따라서 그의 견해는 오늘날 생태위기의 시대에 자연에 대한 기존의 태도를 넘어 인간과 자연이 화합하고 공생할 수 있는 사유의 실마리를 제공한다. 그러나 셸링의 자연철학이 자연 지배의 극복과 공생의 윤리를 정초할 수 있는 계기를 준다고 할지라도, 그것에는 아직 역사와 정치·사회적 차원에서 자연과 공생하고 연대할 수 있는 구체적 논의, 즉 '사회적 노동과 실천의 범주'가 빠져 있다. 이에 반해 마르크스는 노동과 사회적 실천을 통해 '자연의 인간화'와 '인간의 자연화'라는 인간과 자연의 동일성이 실현되는 상태를 지향하고, 블로흐는 한 걸음 더 나아가 인간 주체와 자연 주체가 매개되는 '제휴기술'을 구체적으로 언급하면서 인간과 자연이 서로 동반자적 관계 속에서 평화롭게 공존할 수 있는 '기술 유토피아'를 제시한다.

2. 시민주의(자본주의) 기술 비판

블로흐는 일반적으로 희망의 철학자, 유토피아 사상가, 마르크스주의 사회철학자 등으로 알려졌지만, 이미 약 70년 전에 근대 사회와 자연 관계의 문제에 관심을 가지고 20세기 미국의 생태철학자 한스 요나스(Hans Jonas)보다 앞서 생태학적 문제를 깊게 사유한 사상가이다. 또한 그는 사회 실천적 맥락에서 셸링과 마르크스를 적극적으로 재수용하면서 인간과 자연 간의 연결 문제를 사유한 사상가로서 그의 근본 사상(유토피아론)은 본질적으로 자연철학에 기초하고 있다. 블로흐의 자연철학은 물질에 관한 체계적이면서도 사변적인 연구서인 『물질론 문제의 역사와 실체 (*Das Materialismusproblem, seine Geschichte und Substanz*)』에서 본격적으로 다루어진다. 블로흐는 유토피아론의 존재론적 근거인 물질을 좌파 아리스토텔레스주의의 질료우위 해석에 따라 자기 생산적인 것으로 파악하고, 또 유토피아론의 역사철학적 근거를 위해 과정적-변증법적 물질 개념을 제시한다. 또 그는 『튀빙겐 철학입문 (*Tübinger Einleitung in die Philosophie*)』에서 물질과 유토피아의 상관관계를 설명하고, 『희망의 원리(*Das Prinzip Hoffnung*)』에서는 자연 주체, 제휴기술, 기술 유토피아 개념 등을 언급하면서 자연문제를 기술철학 및 사회철학과의 연결구조 속에서 다루고 있다.

블로흐가 말하는 유토피아는 인간과 물질의 구체적인 관계 속에서 실현되는 것이지, 신의 섭리나 역사의 필연적 법칙에 따라 저절로 주어지는 것은 아니다. 그래서 그는 『희망의 원리』에서 유토피아를 "자신의 구체적인 형태 속에서 모든 것의 존재에 도달하려고 하는 실험의지"(PH, 364)라고 정의하면서, 그 책의 4부 「보

블로흐의 주저 『희망의 원리』

다 나은 세계의 개관(치료 기술, 사회 제도, 기술, 건축, 지리학, 예술과 지혜에서의 전망)」에서 의학적 유토피아, 사회 유토피아, 기술 유토피아, 건축 유토피아, 지리학적 유토피아, 그리고 회화와 오페라 및 문학 작품에서 표현된 바람직한 세상에 관한 논의를 다루고 있다. 이 중에서 오늘날 인류를 위협하는 생태학적 위기에 직면하여 새로운 대안을 찾고자 하는 우리에게 관심의 초점이 되는 부분은 인간 의지와 자연 간의 관계 속에서 그려지는 기술 유토피아에 관한 논의이다. 블로흐는 『희망의 원리』 제37장 「인간 의지와 자연, 기술 유토피아」에서 생태학적 재난에 대해서는 직접 언급하고 있지는 않지만, 산업혁명 이후 기술 발달이 자연을 파괴하거나 소외시킴으로써 인간의 생존 조건을 위협하고 있다고 경고하면서, 인간의 기술사용 문제에 대하여 다음과 같이 지적하고 있다.

시민주의 기술(bürgliche Technik)은 모든 승리에도 불구하고 동시에 잘못 통제되었으며, 자연과 잘못 연관되어진 것으로 보인다. <산업혁명>은 인간이나 자연 재료와 구체적

자연과 공생하는 유토피아

으로 관련을 맺지 못했다. 산업혁명이 인간에게 가져다준 것은 바로 **궁핍함**이었다. 그것은 산업혁명 초기에 존재했고 이후에도 지속적으로 온존했다. 한가한 수공업은 빵을 벌지 못하는 상황이었고, 영국 공장에서의 삶은 지옥을 방불케 했다. 컨베이어 시스템에서의 노동은 보다 더 깨끗해졌지만 노동자들을 보다 즐겁게 할 수는 없었다.(PH, 808)

원리적으로 생각해 볼 때 기술은 인간과 자연을 매개하는 수단일 뿐, 그 자체로는 자연을 황폐화하지 않는다. 그러나 최대이윤 창출을 목표로 하는 자본주의 사회에서 기술은 자연을 착취하는 데 이용되기 때문에 자연의 적이 된다. 이런 맥락에서 블로흐는 시민주의 기술, 즉 자본주의 기술이 자연을 기만하는 기술이라고 설명한다.

> 시민주의 기술은 전체적으로 볼 때 마구 술수를 부리는 유형(Überlister-Typ)이다. 이른바 자연력에 대한 착취는 인간에 대한 착취와 마찬가지로 착취당하는 것들의 구체적인 재료와 우선적으로 관련이 없거나, 그 재료들을 그곳에서 고유하게 존재하게 하는 데 관심을 기울이지 않는다.(PH, 783 f.)

"시민주의 기술은 어떤 순수한 상품 연관성" 및 "외부로부터 작동되는 자연력"(PH, 778)과 관련이 있을 뿐이지, 작용력과 씨앗이 움트고 있는 자연의 기체(基體)와는 아무 관련이 없다. "지금까지 우리의 기술은 자연 속에서 마치 적의 나라에 주둔해 있는 점령군처럼 서성거리고 있으며, 적국의 내부 사정에 관해서는 아무것도 모른다"(PH, 814)는 블로흐의 비유처럼, 시민주의 기술은 기본적으로 자연과 소원한 관계에 있으므로 자연을 우리의 동반자로서 살아있는 주체가 아니라, 기만하고 착취할 수 있는 대상으로 다루는 것이다. 블로흐는 이 시민주의 기술 개념의 전형을 인간의 지적 술수인 '간지(奸智, List)' 차원에서 자연을 활용하는 헤겔의 기술 개념에서 찾는다.

이윤추구의 경제 제도인 자본주의에서 생산은 오직 '간지-기술(List-Technik)'에 의해서 발전한다. 이 기술이 발전하면 할수록 인간과 자연의 비매개성(Unvermitteltheit)은 증가하고 양자의 관계는 더욱더 추상적으로 된다. 그리고 인간과 자연을 분리시키는 기술의 탈유기체화 현상, 즉 자연과 깊이 매개되지 않는 기술로부터 기술적인 사고가 일어나며, 이것은 결정적인 비매개성으로 위협적인 무(das bedrohende Nichts)를 함축하고 있다. 시민주의 기술은 나름대로 발전하고 있지만 결코 돌발적 사고를 막을 수 없으며, 궁극적으로 인간과 자연의 소외를 지양하지 못한다. 블로흐는 특히 베이컨의 유토피아적 기술 낙관주의 및 갈릴레이와 데카르트의 수학적-기계론적 세계관에서 드러나는 시민주의 기술의 추상성과 자연 파괴적 특성을 비판하면서, 그 대안으로 자연 친화적인

'제휴기술 개념'을 제시한다.[16] 즉 자본주의 체제에서는 진정한 기술의 발전이 불가능하므로 제휴기술을 통해 자연을 착취하고 기만하는 시민주의 기술과 탈유기체화로 인한 자본주의적 소외를 극복하려고 한다.

3. 제휴기술로의 이행과 기술 유토피아

블로흐가 시민주의 기술을 비판하면서 제시하는 제휴기술은 기술의 발전을 중단하고 단순히 과거나 자연으로 돌아가는 것을 의미하지 않는다. 이것은 마치 생태위기를 초래한 과학과 기술 만능주의가 문제라고 해서 인류가 성취한 과학과 기술의 성과를 송두리째 무시하는 우를 범하는 것과 같기 때문이다. 목욕물을 버릴 때 아기를 함께 버릴 수 없듯이, 우리는 산업사회 속에서 자연과

인간과 자연을 매개하는 제휴기술의 적용 사례로서 동양의 정원.

관계하며 살아가는 데 필요한 기술 그 자체를 포기할 수는 없다. 오히려 자연 파괴라는 산업기술의 재앙적 성격에 맞서 생태학적으로 지속 가능한 생산방식을 영위하기 위해 새로운 방식으로 인간과 자연 사이를 매개하는 기술이 필요하다. 다시 말해 생태학적으로 적정한 기술로의 전환을 위하여 종래의 기술과는 질적으로 다른 새로운 기술 개념이 요구되는 것이다.

여기서 새로운 기술이란 종래의 자연환경을 파괴하거나 자원을 낭비하는 기술을 대신해 인간과 자연이 조화롭게 공생할 수 있는 기술을 가리키며, 일반적으로는 '대안기술(alternative technology)'로, 때에 따라서는 '적정기술(appropriate technology)' 혹은 '중간기술(intermediate technology)', '연성기술(soft technology)', '녹색기술(green technology)' 등으로 불린다. 이들은 의미상으로 서로 작은 차이가 있지만, 기존 기술의 대안으로 지속 가능한 삶을 추구하도록 돕는다는 점에서 공통성을 지니며, 블로흐는 이를 자신의 고유한 표현으로 '제휴기술'이라 명명하고 있다. 이런 맥락에서 극단적인 기술 의존이나 거부 행위를 통해서는 오늘날 복잡한 정치·경제적 상황과 얽혀 있는 생태문제를 풀 수 없다는 점을 고려해 볼 때, 과학기술 발달에 따른 인간 권력의 증대가 생태위기의 원인이라고 진단하면서 생태문제의 기술적 접근에 반대하는 요나스의 입장(기술 비관주의)보다는 새로운 대안기술을 통해 새로운 유토피아가 가능하다는 블로흐의 입장(기술 낙관주의 또는 지향주의)이 더 현실성 있는 대안으로 여겨진다.

블로흐의 제휴기술 개념은 자연에 대한 보다 심오한 통찰에 근거하며, 또 자연을 기만하지 않고 자연과 친밀한 공생관계를 유지하는 것을 의미한다. 따라서 그가 제시하는 제휴기술은 자연에 대한 인간의 태도와 관계의 근본적인 변경을 기초로 한다. 이것은 자연을 착취하는 '기만기술(Überlistertechnik)'과는 반대로 자연 친화적 기술로서, 인간과 자연의 대립이 아닌 양자의 친숙한 동반자적 관계, 즉 연합을 전제로 해서만 성립한다고 할 수 있다. 이 점에서 인간과 자연은 서로 관계하며 작동하는 개개의 주체라고 할수 있으며, 자연은 더 이상 지배와 착취의 대상으로 평가절하되는 것이 아니라 하나의 고유성을 지닌 주체로서 인간과 대등한 존재로 간주된다. 이렇게 제휴기술의 성립에 필수 불가결한 주체로서의 자연 개념을 블로흐는 중세 아랍의 좌파 아리스토텔레스주의자(아비체나, 아비체브론, 아베로에즈), 16세기 독일의 신비주의자 야콥 뵈메(Jakob Böhme), 스피노자, 셸링 등의 철학적 전통에 따라 '산출하는 자연(natura naturans)' 개념을 통해 설명한다. 이것은 '지배된 자연(natura dominata)'과 '산출된 자연(natura naturata)'에 대립되는 개념으로 스스로를 창조하고 산출하는 자연을 의미한다. 요컨대 자연 주체(Natursubjekt) 개념은 기계론적 자연관을 통해서는 도저히 파악될 수 없는 자연의 근원적이고 절대적인 생산성을 가리키며, 블로흐는 이것을 자연 전체과정 속에 이미 내재해 있으나 아직 드러나지 않은 것, 즉 예견 가능한 것이라는 의미에서 "가설적인 (hypothetisch)"(PH, 777/786) 자연 주체로 규정한다. "왜냐하면 자연

속에서의 역동적인 주체 개념은 마지막 심판정에서 실재적인 것 전체 속에 도사린 아직도 발현하지 않은 사실 충동(Daß-Antrieb), 즉 가장 내재적인 질료적 동인(das immanenteste materielle Agens)과 동의어이기 때문이다."(PH, 786)

한편 기만기술이 제휴기술로 변경되기 위해서는 내재적인 질료적 동인으로서의 자연 주체가 인간 주체와 서로 매개됨으로써 가능하다. 그래서 인간 주체와 "가능한 자연 주체의 공동생산성(Mitproduktivität)"(PH, 802)이 도입되는 구체적 제휴기술에서 기술과 자연의 매개가 이루어지고 자본주의적 사물화가 계속되는 것을 막을 수 있다. 이것은 기계적 동력과 같은 "외형적인 기술 대신에 자연의 공동생산성과 매개된 제휴기술이 가능하게 되면 될수록, 얼어붙은 자연의 형성력은 더욱더 새로이 자유로워질 것이 분명하고", "인간의 집 […] 또한 **매개된 자연 주체라는 바탕 위와 자연의 건축부지 위에** 서 있는 것이 확실한"(PH, 807) 이치와 같다. 따라서 우리는 인간, 자연, 기술의 공존 형태인 제휴기술에서 생태문제의 기술적 접근에 반대하는 '기술 비관주의' 대신 자연친화적 기술을 통해 생태위기를 극복할 수 있다는 '기술 낙관주의'의 한 유형을 발견한다.

제휴기술을 통한 자연과의 연합(Naturallianz)은 인간과 자연의 화해라는 의미에서 평화의 원리일 뿐만 아니라, 본질적으로 자연과 연대하면서 행동하는 인간의 창조력, 즉 생산성의 범주이기도 하다. 이러한 관점에서 인간과 자연을 함께 아우르는 고향으로서

'기술 유토피아' 실현은 기술적 행위에 새로운 질(Qualität)을 부여하는 인간의 생산성이 자연의 생산성과 결합·통일되는 경지를 말한다. 이것은 인간과 자연의 소외되지 않는 관계를 전제하는 것으로, 청년 마르크스가 말하는 "완성된 인간과 자연의 본질적 통일, 자연의 참된 부활" 상태, 즉 "인간의 자연화"와 "자연의 인간화"(Marx, 1974: 538)라는 인간과 자연의 동일성이 실현되는 '자유의 왕국'을 의미한다. 블로흐는 이러한 상태를 문학적으로 "모든 사람들의 어린 시절에 나타나지만 아직 그 아무도 가보지 않았던 어떤 곳: 고향"(PH, 1628)이라 표현한다.

인간과 자연이 평화롭게 공존할 수 있는
'기술 유토피아'를 제시한 블로흐

지금까지 우리는 블로흐의 견해에 따라 시민주의(자본주의) 기술이 자연을 착취하는 기만기술이고, 결국은 인간과 자연의 생존을 위협하는 사회적 문제를 초래한다는 사실을 확인할 수 있었다. 이것은 그 후 현대 산업사회의 탁월한 분석가로서 허버트 마르쿠제(Herbert Marcuse)와 오토 울리히(Otto Ullrich)가 기술의 자본주의적 적용이 인간과 자연을 파괴하고 지배하는 결과를 가져왔다고 주장하는 것을 뒷받침해 주는 선구적인 사례이다. 이 점에서 블로흐의 '기술 유토피아론'은 우리에게 자본주의 기술과 생산방식을 넘어서 기술의 생태학적 전환을 위한 풍부한 상상력을 제공한다.

그러나 아직 인간과 자연의 적대관계가 해소되지 않고 더욱 강화되고 있는 현대 산업사회의 현실을 고려해 볼 때, 우리는 다음과 같은 절박한 물음을 던지지 않을 수 없다. '블로흐가 해결책으로 제시하는 제휴기술은 과연 성공할 수 있을까?' 또한 '이런 파국적 상황에서 블로흐가 말하는 기술 유토피아에 도달할 수 있는 시간은 아직 충분한가?'

19세기 독일 시인 프리드리히 횔덜린(Friedrich Hölderlin)은 「파트모스(Patmos)」라는 찬가에서 "위험이 있는 곳에 구원 또한 자라네(Wo Gefahr ist, wächst das Rettende auch)"(PH, 127)라고 노래한다. 우리는 횔덜린의 시구절을 숙고함으로써 과학기술 시대의 위험에서 벗어날 다양한 구원 방법들을 모색해 볼 수 있다. 20세기 독일 철학자 마르틴 하이데거(Martin Heidegger)는 현대 과학기술 문명을 자기 존재의 가치와 의미를 상실한 채 퇴락한 삶을 살아가도록 부추기는 위험한 문명이라고 비판하면서 자기 나름의 해법을 제시하고 있다. 이를 위해 그는 존재 망각의 극치에 이른 과학기술 시대로부터 방향을 전환해 테크네(기술, techne)와 포이에시스(제작, poiesis)를 분리하던 사유에서 탈피하고 양자의 관계를 회복하게 할 시적 사유, 즉 존재 사유를 요구한다.[17] 그러나 존재를 사유하고 기다리면서 근원으로 회귀하는 하이데거의 구상은 위험 속에 자라나는 구원을 예비하는 내면적인 행위일 뿐, 철학이 현실을 변혁할 가능성을 부인하는 것이다.

블로흐는 이런 구상에 반대하여 유토피아는 오로지 인간의 의지로 완성될 수 있다는 희망의 원리를 제시한다. 희망의 실재 가능 근거로서 자연(natura naturans)은 내재적인 목적을 구현하고 있지만, 좀 더 높은 발전단계에서 유토피아적 잠재능력을 발현하고 현실화하기 위해서는 인간 주체의 참여가 절실히 요구되는 것이다. 이 점에서 하이데거와 달리 블로흐는 횔덜린이 말하는 위험 속에, 우리에게 '의식적인 공동의 혁명적 실천'을 감행하도록 용기를 불어넣는 "실천적이고 전투적인"(PH, 127) 희망이 자라고 있음을 간파한다. 혁명적 실천은 단순히 존재의 본질로 향하는 사유 이상의 것이며, 인간과 인간 그리고 인간과 자연의 관계를 실제로 바꾸는 공동의 시도이다.

이런 맥락에서 블로흐는, 고대 그리스의 과학자 아르키메데스(Archimedes)가 일점에서 지구를 들어 올릴 수 있다고 생각했듯이, "노동하는 인간" 즉 혁명적으로 실천하는 인간이 위험과 곤경을 극복할 수 있는 "아르키메데스의 점(der archimedische Punkt)"(PH, 333)이라고 강조한다. 다시 말해 블로흐는 제휴기술을 통해 자신의 사회적 실천이 자연과 의식적인 연대를 이루는 노동하는 인간을 역사의 주체로 간주하며, 또 그 자신의 실현은 마르크스주의적 지평에서 완성될 수 있다고 설명한다.

세상에는 단순히 술수를 부리는 자나 착취자로서의 행동하는 기술자 대신에 구체적인 측면에서 사회적으로 자기 자신과 매개되는 주체가 서서히 자리를 잡게 된다. 이 주체는 자연 주체의 문제와 함께 성장하면서 스스로를 매개하는 자이다. 마르크스주의는 노동하는 인간 속에서 실제적으로 자신을 창출하는 역사의 주체를 발견했다. 그것은 현대에 이르러 사회주의적으로 비로소 완성되는 주체를 발견해 냈고, 그로 하여금 자신을 실현하게 했다.(PH, 787)

인간이 폭력적인 기술과 자연과학의 비인간화를 극복하여 자연과 연대하는 것은 기존 자본주의 체제에서는 저절로 실현되지 않는다. 이런 맥락에서 블로흐는 한 걸음 더 나아가 자연에서 자신을 의식하고 체험하는 진정한 연대와 그 구체적 실현을 위해 근본적이고 혁명적인 실천을 주장한다.

역사의 주체가 되는 노동하는 인간이 자신을 역사의 생산자로 파악할 때, 나아가 역사에서 운명을 철폐했을 때, 그제야 비로소 그는 자연 세계 속에 있는 생산의 아궁이(Produktionsherd)에 근접할 수 있을 것이다. […] 인간에게 친구 같은 자연의 흐름, 자연의 모태 속에서 단잠 자는 창조물을 잉태시키고 매개하는 기술, 이것이야말로 구체적 유토피아에서 가장 구체적인 것에 속한다. 이러한 구체화에 대

한 출발은 인간과 인간 사이에서 구체화되는 것, 즉 사회적 혁명을 전제로 한다.(PH, 813)

결론적으로 말해, 우리가 제휴기술을 통해 변화된 인간과 자연 관계를 실현하기 위해서는 기존 사회관계의 근본적인 변경, 즉 '사회적 혁명'이 우선적으로 요구된다. 왜냐하면 그러한 제휴기술은 사회가 자연 파괴적인 자본주의 기술의 구속으로부터 해방될 때에야만 비로소 실현될 수 있기 때문이다. 블로흐는 인간과 자연이 서로 소외되지 않고 동반자적 관계를 유지할 수 있는 기술 유토피아와 그 실현 기회를 역사에 존재했던 국가사회주의 모델이 아니라 이상적 마르크스주의 모델에서 찾고 있다.

■ 블로흐(Ernst Bloch, 1885~1977)

독일의 마르크스주의 철학자. 남부 독일의 루트비히스하펜의 유대인 철도노동자의 아들로 태어나 평생을 가난하게 살았다. 제1차대전 무렵 뮌헨 서클에서 루카치, 짐멜, 벤야민과 친밀히 지내면서 학문적 경력을 시작했다. 최초의 저서 『유토피아의 정신』(1918)이 보여주듯이 유대교의 종말론과 헤겔·마르크스적 요소가 융합된 혁명적 낭만주의가 그의 사상의 기조를 형성하였다. 나치의 박해를 피해 1933년부터 15년간 유럽의 여러 도시와 미국에서 막노동하면서도 베버, 브레히트, 아도르노 등 당대의 석학이나 예술가들과 교류하였고, 제2차대전 후 동독의 라이프치히대학에서 64세에 처음으로 교수가 되기 전까지 아무런 직업이 없는 재야 학자로 살았다. 1955년에 그의 불후의 대작 『희망의 원리』(총3권, 1954~1959) 제2권을 출간하고 동독의 국가상을 받았으나, 당 정통파로부터 비판이 격렬해 수정주의자로서 활동이 금지되고 제자들이 투옥되는 일이 발생하였다. 1961년 서독 방문 중 베를린 장벽 설치에 관한 소식을 듣고 동독으로의 귀국을 포기하고 튀빙겐대학 객원교수가 되었다.

블로흐의 근본 사상은 유토피아에 대한 희망이다. 그는 인간의 내부에 있는 희망을 새로운 미래로 향하는 긴장으로써 받아들여, 이것을 '아직 의식되지 않은 것(das Noch-Nicht-Bewusste)'이라고 규정하고, 이 '아직 의식되지 않은 것'의 생성을 미래를 향해 여는 것이 철학이라고 주장한다. 따라서 미완의 주체인 인간의 '최종 상태'로 향하는 자기실현의 과정을 현실(역사)이라고 생각하고, 마르크스주의에 새로운 생명을 부여하고자 했다. 그의 다른 저서로는 『이 시대의 유산』, 『자연법과 인간의 존엄성』, 『물질론 문제의 역사와 실체』, 『튀빙겐 철학입문』, 『기독교에서의 무신론』, 『세계의 실험』 등이 있다.

■ 요나스(Hans Jonas, 1903~1993)

독일 출신으로 미국에서 활동한 생태철학자. 그의 독창적인 사상은 대표작 『책임의 원칙』(1979)에 잘 드러나 있다. 이 책은 블로흐의 『희망의 원리』에 대한 반론으로서, 기술을 통한 생산력의 발달로 유토피아를 건설하려는 마르크스주의적 기획을 비판한다. 요나스는 노동을 통해 자연을 가공하고 변형함으로써 인간의 진정한 본성과 자유를 실현할 수 있다는 마르크스주의 관점을 여전히 근대적인 인간중심주의적 자연관에서 벗어나지 못한 것으로 평가한다. 그는 이런 자연관이 도구적 기술관과 맞물려서 생태파괴와 기술 유토피아의 신화를 낳았다고 주장하면서, 생태위기의 시대에 인류의 생존과 그 조건인 자연환경을 보전할 수 있는 '미래의 존속'을 궁극적 가치로 보았다. 따라서 그는 현재와 미래 인류의 상호관계뿐만 아니라 현재의 인류와 미래의 자연 관계까지를 포함하는 새로운 '책임 윤리'를 제창하였다.

제8장

대안 사회와 생태유토피아

"인간은 작은 존재이므로 작은 것이
아름답다. 거대주의를 추구하는 것
은 자기 파괴로 나아가는 것이다."

- 슈마허, 『작은 것이 아름답다』

1. 생태적 전환을 통한 대안 사회 모색

1) 자본주의와 사회주의 산업체제 비판

우리는 오늘날 사회주의적 유토피아가 사라진 이후 블로흐가
제시하는 마르크스주의적 기술 유토피아가 대안적 생태사회 모
델로서 타당성을 지닐 수 있는지 신중히 검토해볼 필요가 있다.
실제적으로 자본주의 국가는 물론이고 인간과 자연의 소외 극복
이라는 마르크스의 이념을 따랐던 사회주의 국가들 역시 많은 환
경문제를 갖고 있었음을 고려해볼 때, 블로흐가 제시하는 대안 사
회의 모델이 현실 적합성을 가진다고 보기는 어렵다. 블로흐는 시
민주의 기술의 대안으로 자연 친화적인 제휴기술을 제시하는 데
서 알 수 있듯이, 근본적으로 기술을 통한 생산력의 발달로 유토

피아가 건설될 수 있다는 '기술 낙관주의' 입장에 서 있다. 그는 이 입장에서 사회주의적 노동을 통하여 자연을 가공하고 변형함으로써 자본주의적 소외를 극복하고 인간의 진정한 본성과 자유를 실현할 수 있다는 마르크스주의적 기획을 하고 있다. 그러나 그는 현대 독일의 사회철학자 위르겐 하버마스(Jürgen Habermas)가 비판하듯이 유토피아에 대한 과도한 태도를 취함으로써 유토피아 실현의 객관적 가능성을 구체적으로 설명하지 않는다.[18] 즉 유토피아를 언급하기는 하지만, 다른 사회에서는 다른 기술이 **어떻게** 실현될 수 있는지에 대해 구체적으로 설명하지 않는다. 따라서 블로흐가 자본주의 기술과 사회를 극복하는 데 있어 제휴기술과 기술 유토피아라는 대안을 제시하고 있지만, 이것은 여전히 **추상적**일 뿐이며 또 기본적으로 이상적 마르크스주의 모델에 따른 생산양식과 산업체계에 근거하고 있는 것으로 보아야 할 것이다.

그런데 문제의 핵심은 요나스가 갈파하듯이 자본주의든 사회주의든 이념 그 자체가 문제라기보다는 산업화를 무분별하게 추구하는 기술문명 자체에 생태위기의 근원이 있다는 사실이다.[19] 자본주의와 사회주의 국가는 본질상 서로 다른 체제임에도 불구하고, 양자는 발전과정에서 중앙 집중화와 통제를 강화하며 경쟁을 조직화하고 합리화하는 산업사회의 특징을 공유하고 있다. 또한 두 체제는 다 같이 생존의 문제로서 경제의 성장과 발전을 추구하는 성장 이데올로기에 갇혀 있다. 특히 자본주의에서 국가는 경제성장을 추구하면서 자본가 계급과 결탁하는 경향 때문에 자

생태문제의 기술적 접근에 반대하며 산업화된 기술문명을 비판한 요나스.

본가 계급의 이윤추구와 성장주의를 탈피하기 어렵다. 국가는 물질적 풍요로 대중의 지지를 받기 위해 성장중심의 경제정책을 쓰며, 또 이를 통해 국가의 성취를 과시할 목적으로 '과학기술 관료주의'에 의존하게 된다. 따라서 국가의 관료, 전문가 집단, 자본가 계급은 성장주의 실현을 위해 상호 결속을 공고히 한다. 한편, 생산수단의 국유화와 적극적 평등정책을 통해 자본주의를 극복하고자 했던 사회주의 국가들도 대중 포섭을 위해 산업의 집중화와 계획경제에 기반한 생산력 증강과 개발 위주의 성장정책 강박에 걸려 있었고, 게다가 과학기술과 국민국가(nation state)의 복합체인 거대 산업체제였다는 사실을 부정할 수 없다. 더욱이 명목상일지라도 마르크스의 이념에 따라 인간과 자연의 소외를 극복하고자 했던 과거 소련, 동독 등 선진 사회주의 국가에서 자본주의 국가 못지않게 환경과 공해 문제가 심각하였다는 사실은 많은 것을 시사한다.

여기서 우리는 생태위기를 초래하는 근본 원인이 자연과 환경을 파괴하는 인간의 행위뿐만 아니라, 성장중심의 국가 산업체제에도 있다는 점을 간파할 수 있다. 자본주의 국가든 사회주의 국가든 모두 생태계의 한계를 인정하지 않는 산업중심의 성장 이데올로기에 갇혀 있었기 때문에, 생태위기를 극복하는 방법은 국가 주도의 사회적 설계를 통해서 그 실효성을 얻기 힘들다.

2) 국가주의적 패러다임 비판

이제 국가 주도의 발전 모델이 생태적 차원에서 더 이상 지속가능하지 않고, 또 사회적·생태적 불평등을 초래할 수 있음을 고려해볼 때, 우리는 이 위기를 어떻게 극복할 수 있을까? 이것은 산업적이고 성장중심적인 사회체계를 생태적인 사회체계로 전환하는 문제로서, 여기에는 '사람들이 어떤 사회체계 속에서 자연과 더불어 좀 더 공평하고 행복하게 살아갈 수 있을까?'가 초점으로 대두된다.

생태위기를 중요 문제로 인식하고 생태적 전환을 통해 대안사회를 모색하는 패러다임에는 크게 보아 '국가주의적' 방식과 '비국가주의적(anarchistic)' 방식이 있다. 우선, 국가주의적 패러다임의 특징을 살펴보고 이를 생태문제의 해결에 적용해보자. 위로부터의 권력 강화, 즉 중앙집권적 관료주의에 기반하는 국가는 자본주의와 사회주의를 막론하고 경제적 효율성과 합리성을 중시하므로 사회 전체를 통제하고 표준화한다. 이 과정에서 국가를 중심에 두고 세상을 바라보는 사람들은 자연을 '자연 자원'의 측면에서 파악한다.

자연과 공생하는 유토피아

가치 있는 식물은 '농작물'이 되고, 그 농작물과 경쟁하는 종은 '잡초'로 낙인찍힌다. 그리고 농작물에 기생하는 벌레는 '해충'으로 낙인찍힌다. 또 가치 있는 나무는 '목재'가 되는 반면, 이와 경쟁하는 종은 '잡목'이 되거나 '덤불'쯤으로 여겨진다. 이와 동일한 논리는 동물의 경우에도 적용된다. 높은 가격이 매겨진 동물은 '사냥감'이나 '가축'이 되지만 그것과 경쟁하는, 혹은 그것들을 먹이로 삼는 동물은 '약탈자'나 '야생동물'쯤으로 간주된다.(스콧, 2010: 37)

이렇게 그들은 자연을 인간의 사용 목적에 부합하는 측면에서 파악하듯이 인간 사회도 같은 방식으로 나누고 구분한다. 가치 있는 인재와 쓸모없는 잉여 인간으로, 주권자나 시민이 될 수 있는 사람과 그럴 권리가 없는 사람으로. 사람들은 왜 그렇게 나뉘어야 하는지, 나뉘는 기준은 무엇인지 알지 못한 채 계속 살아남기 위해 무한 경쟁을 한다. 이런 구분을 강요하는 국가의 표준화된 통제 시스템은 결국 우리의 사고를 국가중심적 단순화에 빠지게 한다.

발전이라는 미명하에 추진되는 재개발과 재정착 정책도 마찬가지다. 특히 재정착 정책은 경관의 변화를 넘어, 사람들에게서 기본 필수품의 대부분을 생산하는 기술과 자원은 물론이고, 비교적 자급적인 삶을 가능하게 했던 독립적인 생활 수단을 박탈한다. 즉 이런 것들이 거의 필요 없는 새로운 환경으로 사람들을 이전시키는 것이다. 같은 맥락에서 농업 정책을 예로 들어 설명하면,

농업 근대화를 추진하는 국가 대부분의 논리는 중앙정부의 권력을 강화하면서 농민의 자치권 및 중앙정부에 대한 농민 공동체의 자율성을 약화시킨다. 따라서 국가 중심의 프로젝트는 우리의 삶을 행복하게 하는 것이 아니라, 오히려 자치와 자급의 기반을 파괴한다는 것을 알 수 있다. 어떤 좋은 명분이라도 근대적 국가가 추구하는 유토피아는 다양한 삶을 표준화하고 획일화한다.[20]

이러한 국가주의적 패러다임을 통해 생태위기를 극복하고자 하는 유형에는 '생태 권위주의'와 '복지국가 생태주의' 담론이 있다. 먼저 생태 권위주의 담론에 해당하는 것으로서, 지배계급의 권력 강화를 통해 위로부터 생태적 전환을 추구하는 '생태 권위주의 국가' 모델을 살펴보자. 현실적으로 보면 국가의 강화를 통해 생태문제를 해결할 수 있다는 사람들이 아직도 적지 않다. 이는 강력한 국가의 정책과 행정력에 의해서만 인간 욕구가 제어되고 공유재인 자연과 환경을 보전할 수 있다는 주장이다. 생태 권위주의 국가는 자본주의는 물론이고 사회주의에서도 나타난다. 1980년대에 사회주의 국가의 현실을 몰랐던 소수 지식인이 강력한 국가에 의한 사적 소유 폐지와 사회적 평등 실시로 인간 욕구가 통제될 수 있다고 믿은 사회주의 국가에서 자본주의와 생태위기 문제가 함께 해결될 것으로 오판한 경우가 이에 해당한다. 긴급하거나 특수한 상황에서는 민주주의 없는 생태주의가 가능할지도 모른다. 그러나 생태문제의 온전한 해결은 민주주의 없이는 불가능하다. 인간 자유와 욕구의 억압을 통해 생태문제를 해결하

는 방식은 또 다른 사회문제를 낳을 수 있다는 점에서 생태 권위
적 국가는 대안으로 고려될 수 없다.

　다음으로 복지국가 생태주의 담론에 해당하는 것으로서, 권
위적인 형태는 아니지만 국가의 역할을 중시하는 '생태복지국가'
모델을 살펴보자. 이것은 자본주의와 국가주의를 유지하면서도
국가의 민주적 관리와 통제를 통해 생태문제를 해결할 수 있다는
관점에서, 성장전략에 기반한 복지국가의 생태적 전환을 주장한
다. 이 모델은 복지국가 자본주의를 국가의 생태적인 제도개혁을
통해 지속 가능하게 하는 것을 목표로 한다.

　　　강한 생태적 탈근대화를 위해선 자본주의를 생태적으
　　로 재구성하면서 자본주의의 정치경제를 제어하는 차원까
　　지도 고려하고 또한 실행할 수 있어야 한다. 이는 기존의 산
　　업자본주의를 녹색 자본주의로 전환하는 것을 최종 목표로
　　하는 것이다.(조명래, 2006: 348)

　이 모델은 사회민주주의를 정치이념으로 하는 독일과 스웨덴
등 북유럽의 복지국가에서 제도개혁을 통해 생태문제를 해결하
고 성장과 복지를 함께 누리는 데 어느 정도 성공한 것으로서, 현
실 사회주의가 몰락하고 신자유주의의 병폐가 만연한 상황에서
사람들에게 현실적으로 설득력 있게 다가온다.[21]
　그러나 생태문제의 근본적인 해결을 추구하는 생태주의자들

은 이 모델에 대해 상당히 비판적이다.

> 하지만 간과하지 말아야 할 것은 복지국가체제란 기
> 본적으로 계속적인 성장을 전제로 하지 않을 수 없는 체계
> 이며, 나아가서는 자연과 인간과 사회에 대한 끝없는 공격
> 을 그 내재적인 원리로 하고 있는 자본주의 시스템의 확대
> 와 연장에 기여할 수밖에 없는 체제라는 사실이다.(김종철,
> 2007: 8)

사실 생태복지국가는 지속 가능한 발전 또는 생태적 근대화 전략을 통해 자본주의를 생태적으로 재구조화하고 계급 갈등을 조정하는 국가이므로, 자본주의를 극복한 것이 아니라 자본주의를 세련되게 연장한 형태라고 할 수 있다. 그리고 이는 생태적 전환을 이룰지라도 본질상 자본주의 국가일 수밖에 없으므로 끝없는 경제성장 과정에서 부수되는 환경파괴 현상을 막을 수 없다. 따라서 오늘날 심각한 생태위기로 인한 성장의 한계는 언제든지 현실로 나타날 수 있고, 또 그 피해는 가난한 나라의 가난한 사람들에게 집중될 수 있다는 점에서 생태복지국가가 바람직한 대안 모델이 되는 데는 한계가 있다.

다른 한편, 생태복지국가 모델은 세계 자본주의 체제하에서 다른 국가들에 배타적인 국민국가의 체제를 유지하는 한에서, 환경파괴와 자원고갈로 인한 국가 간이나 집단 간의 갈등을 조정하

는 데 어려움이 있을 뿐만 아니라 기후 변화와 같은 전 지구적인 복잡한 문제를 다루는 데 한계가 있다. 결국 생태복지국가 모델은 자본주의와 국가주의의 틀 안에서 정치적, 경제적, 자연적 조건에 따라 형성될 수밖에 없으므로, 장기적으로 정의롭지도 지속 가능하지도 않다.

2. 생태유토피아를 향한 여정

1) 생태아나키즘의 사유

생태적 전환을 통해 대안 사회를 모색하는 데 생태복지국가 모델이 현실적인 설득력을 가지고 있음에도 불구하고 대안으로서 바람직하지 않다면, 우리는 어떤 모델을 이상적인 대안으로 추구할 것인가? 이것은 바로 생태위기의 극복 방법으로써 '국가를 중심에 두고 사고할 것인가, 아닌가?'의 문제인 동시에 '어떤 사회(공동체)가 장기적으로 지속 가능한가?'의 문제이기도 하다.

생태복지국가 모델이 국가를 중심에 두고 위로부터 생태적 전환을 시도하는 반면에, 우리는 생태문제의 **근본적** 해결을 위해 국가중심적 접근방식이 아닌 새로운 방식을 모색하고자 한다. 이것은 국가주의적 패러다임을 벗어나 국가 밖에서 공동체를 형성하는 전략으로서 '생태공동체' 모델을 말하며, 여기서는 밑으로부터 공동체 전환이 중요하다. 이 모델은 생태아나키즘(eco-anarchism)처럼 자본주의와 국가주의 밖에서 대안적인 공동체를 통해 사회와 경제를 생태적 차원에서 재조직하는 이론적이고 실천적인 담론이다. 이것은 자본주의 산업과 국가의 권력·제도를 생태문제의 초래와 악화의 원인으로 보기 때문에, 문제의 해결도 자본주의와 국가주의를 넘어서는 방식을 취한다. 이 모델을 신봉하는 생태주의자들은 특히 민족을 단위로 하는 국민국가에 대해서 상당히 회의적이다. 그 예로 한국전쟁, 베트남전쟁, 아프리카의 내전 등은 국가가 정치적 목적으로 저지르는 전쟁이 자본주의 산업보다 생태계에 더 치명적인 해악을 끼친다는 사실을 잘 보여준다. 이런 맥락에서 생태주의자들은 '죽어야 할 국가의 권력과 제도는 시퍼렇게 살아 있고, 생생하게 살아 있어야 할 자연과 생명들은 죽어가고 있다'라는 명제로서 폭력적인 국가를 비판한다.

사회의 생태적 전환을 위해서는 자연을 배려하는 소규모 생산과 소비의 순환 단위인 '지역'이 중요하고, 또 그 실천적 토대로서 '지역성(locality)'에 기반한 생태공동체가 요구된다. 지역은 국가중심의 산업체제가 빚어낸 위기를 생태적 전환을 통해 근원적으로 극복할 수 있는 전략적 거점이다. 이것은 지역이 생태위기의 시대에 생산과 소비 생활의 영역을 공동체적 원리를 통해 생태적으로 복원하고 재구성하는 터전이자 실천 단위로서 새롭게 주목받고 있음을 의미한다. '지구적으로 생각하고 지역적으로 행동하라(Think globally, act locally)'는 선구적 환경운동의 구호처럼, 지역은 지구적인 책임성을 가지고 구체적인 실천을 도출할 장소이자 다양한 소규모 공동체 운동의 결합을 통해 생태적으로 의미 있는 변화를 가져올 거점이다.[22]

20세기의 대표적인 생태아나키스트 북친의 대중 강연 모습

　우리는 이제 지역에서 생활양식의 전환과 지역들의 수평적인 연대를 통해 분권적이고 자율적인 생태공동체를 지향하는 아나키즘적 전통에 주목할 필요가 있다. 19세기의 아나키즘, 즉 정치적 아나키즘이 정치적 영역에서 개인해방, 민족해방, 계급해방을 목표로 이상사회를 건설하려는 인간중심적 논의였다면, 오늘날의 생태아나키즘은 해방의 대상을 자연 또는 생태계로 삼아 인간의 지배로부터 자연을 해방하려는 자연관과 세계관의 전환을 다룬다. 특히 생태아나키즘은 생태문제를 사회적인 문제로 보기 때문에 인간과 자연을 지배하고 착취하는 구체적 사회 제도를 바꾸어야 생태위기를 극복할 수 있다고 주장한다. 이런 맥락에서 20세기의 대표적인 생태아나키스트 머레이 북친(Murray Bookchin)은 사회적 관계에 대한 생태적 혁명이 먼저 실행되지 않

으면, 어떠한 생태(환경)운동도 인간 생활양식의 근본적인 변화 없이 지구의 환경이나 생태계를 단순히 보호·관리하는 '환경주의 (environmentalism)'*에 머물게 될 뿐이라고 비판한다.

불확실한 상태에 있는 것은 장기간 지속되는 지배와 억압의 정신과 체제인데, 그것은 인간에 대한, 그리고 자연에 대한 인간의 억압과 지배를 포함한다. 인간과 자연의 갈등은 인간과 인간 간의 갈등이 확대되어 발생한다. 생태운동 (the ecology movement)이 모든 측면에서의 지배의 문제를 포괄하지 않는다면 우리 시대의 생태위기의 근본적 원인을 제거하는 데 '아무런' 기여도 하지 못할 것이다. 만약 생태운동이 근본적으로 확대된 혁명 개념의 필요성을 다루지 않고, 단지 오염 통제나 환경 보존을 위한 개선, 즉 '환경주의'에 머문다면, 그것은 단지 기존의 자연적, 인간적 착취 체제를 위한 안전한 밸브 역할을 할 것이다.(Bookchin, 1980: 39)

이처럼 '인간의 자연 지배'가 '인간의 인간 지배'에서 유래하기 때문에 생태위기를 근원적으로 극복하기 위해서는 단순히 환경을 보호하고 관리하는 차원이 아니라, 모든 형태의 지배가 철폐되는 자유로운 공동체 사회로 나아가야 한다. 따라서 생태아나키즘은 사회를 배타적인 사적 개인들의 집합이 아니라 서로 협동하는 사회적 개인들의 연합체로 간주하면서 개인들의 이해관계

자연과 공생하는 유토피아

를 위계가 아닌 수평적 연대를 통해 조정한다. 달리 말하면, 만인에 대한 만인의 투쟁을 피하려고 개인의 권리를 국가에 양도하는 사회계약론적 방법이 아니라, 아래로부터 참여와 자치를 통해 개인의 절대적 자유를 보장하는 것이다. 요컨대 생태아나키즘이 추구하는 목표는 억압적인 국가 권력을 넘어선 '자유로운 개인들의 자율적 연합'이라는 이상사회, 즉 자율적 공동체의 건설에 있고, 여기서 모든 생명들이 평등하게 대우받고 조화롭게 살아가는 유토피아가 열린다.

2) 지역성에 근거한 자율적 생태공동체

아나키즘의 전통에 서 있는 생태공동체 모델은 공동체와 그 구성원들의 '자율성', '협력과 연대'에 기대어 생태문제를 해결하고자 한다. 이런 사유방식이 오늘날의 아나키스트들에게는 공통적이지만, 그 싹은 19세기 러시아의 고전적 아나키스트 크로포트킨(Pyotr Alekseyevich Kropotkin)의『상호부조론(*Mutual Aid*)』(1902)에서 나타난다. 그는 상호부조의 정신과 감정을 인간과 동물 세계의 진화와 발전 과정에서 자연스럽게 나오는 것으로 주장한다.

> 인간의 상호부조 경향은 그 기원이 상당히 오래되었고, 과거 인류의 모든 진화 과정 속에 깊이 뒤섞여 있다. 그래서 역사상 온갖 영고성쇠에도 불구하고 오늘날까지 인류는 그러한 경향을 유지해 왔다.(크로포트킨, 2005: 268)

상호 증오와 무자비한 투쟁이라는 학설도 인간의 지성과 감정에 깊이 박혀 있는 연대 의식을 제거할 수 없다. 모든 인간의 연대감이란 앞선 진화 과정 속에서 자라난 것이기 때문이다.(크로포트킨, 2005: 338)

동물계가 속한 아주 넓은 부문에서 상호부조는 곧 규칙이다. 상호부조는 가장 하등한 동물들 사이에서도 발견된다.(크로포트킨, 2005: 35)

19세기 러시아의 고전적 아나키스트 크로포트킨의 주저 『상호부조론』

이렇게 진화와 발전에는 '상호 투쟁'이 아니라 '상호 부조'가 더 중요한 역할을 했다는 것을 알 수 있듯이, 공동체 구성원들의 자발적인 협동성과 호혜성에 주목하는 생태아나키즘의 공동체 모델은 그들의 긴밀한 연결과 조화 및 균형을 강조한다. 따라서 이런 공동체는 협동적인 삶과 노동의 모델로서, 구성원 전체에 의한 의사결정 조정에 기초하는 '자주관리공동체'로 구현된다. 이는 사적 개인에게 생산수단에 대한 모든 통제력을 주는 것과 전체주의적 중앙계획에 따라 생산을 통제하는 것, 이 양자를 모

자연과 공생하는 유토피아

두 거부하는 새로운 경제체제를 수반한다. 이와 같은 '자주관리-협동생산체제'에서는 성장과 이윤을 목적으로 자연을 파괴하는 자본가의 이해관계에 맞서 자연을 보호하는 풀뿌리 실천 활동이 가능해진다. 따라서 지역의 풀뿌리 활동에 기반한 생태공동체는 가능한 한 시장에서의 거래를 줄이고 자급자족하는 생활양식을 실현하게 하여 국가나 시장 시스템에 비해 적은 양의 물질과 탄소를 배출함으로써 친환경적인 삶을 가능하게 한다. 즉 생산자와 소비자가 일치하거나 양자 간의 거리가 줄어들어 지역에서 생산할 수 있는 쌀이나 밀, 우유 같은 그들에게 필요한 기본 식량을 수백이나 수천 킬로미터 떨어진 곳에서 수입하지 않게 되는 것이다.

그러면 우리가 궁극적으로 추구할 수 있는 생태적으로 지속가능한 사회는 과연 어떤 공동체이어야 하는가? 이제 중앙집권적인 국민국가를 넘어선 지역공동체, 즉 지역에 기초하고 철저히 풀뿌리민주주의에 입각한 생태적 공생사회가 필요하다. 왜냐하면 현대사회의 성장주의적 산업체계를 근본적으로 바꾸기 위해서는, 성장정책과 과학기술 관료주의에 의존할 수밖에 없는 중앙집권형 국가보다는 친환경적이고 행복한 삶을 경험할 수 있는 생활 터전으로서 지역화된 장소가 바로 생태학적 전환을 위한 실천적 거점이 될 수 있기 때문이다. 예를 들면, "지역 중심의 경제에서는 사람과 환경을 소중하게 여기고, 금융 구조와 상업 활동이 지역과 문화에 맞춰 변화할 것이며 문화와 생물, 농업 등 모든 면에서 다양성을 존중할 것이다. 진정한 지역화가 이루어진다면 의미 있는 일자리들이 많이 생기고, 튼튼하고 탄력 있는 지역사회의 토대도 구축될 것이다. 그러면 사람들의 소속감과 목적의식, 결속력이 높아지면서 마음 충만한 행복을 누릴 것이다"(노르베리 호지, 2018: 128) 이런 의미에서 지역성에 근거한 생태유토피아는 정치·사회적으로는 분권화와 소형화된 공동체를, 경제적으로는 절약과 자원 재활용 그리고 의식주 및 에너지를 자급자족하는 공동체를 지향한다. 여기서 중요한 것은 '거대화-집중화-획일화'가 아니라 '소형화-분권화-다양화'이며, '경제적 합리성'이 아니라 '생태적 합리성'이다. 따라서 우리가 건설해야 할 생태유토피아는 사실상 자본 권력과 유착해 생태위기를 조장하는 중앙집권적 국민국가가 아니라 지역에서 여론을 통한 의사결정과 주민참여가 보장되는, 즉 풀뿌리민주주의에 기초한 자치적 소규모 공동체이다.

개발과 세계화에 맞서는 지역 중심의 경제체제를 주장하는 헬레나 노르베리 호지

자연과 공생하는 유토피아

한편 우리가 추구하는 유토피아로서 소규모 자율적 생태공동체는 고립된 공동체를 의미하지 않는다. 세상과 격리된 공동체는 오래 유지될 수 없다. 사람들이 거의 살지 않는 외진 곳의 공동체는 모든 것을 스스로 마련하고 해결해야 한다. 자연스러운 일상생활이 어려운 자급자족 공동체들은 구성원들을 피로하게 만들며 대체로 오래가지도 않는다. 특히 사람들과 함께하는 활발한 생활 속에서 자신을 실현하려는 욕구는 젊은 세대에게서 강하게 나타난다. 또한 우리가 추구하는 공동체는 지나치게 작은 공동체도 아니다. 이런 공동체들은 실제 경험에 비추어 볼 때 지속되기 어렵다. 크로포트킨은 이를 다음과 같이 설명한다.

> 알려진 것처럼 여객선 혹은 감옥에서처럼 아주 좁은 곳에서 살아야 하는 사람들, 외부와의 접촉이 극도로 제한된 사람들은 서로를 견딜 수 없게 된다. (자신의 경험 혹은 난센 [Nansen]과 그의 동료들을 상기해 보라). 작은 공동체 내에서 두 사람은 쉽게 적대적인 관계가 된다. 그리고 외부와의 접촉이 부족할 경우에, 외부세계와 멀리 떨어질수록 공동체는 쉽게 붕괴된다.(크로포트킨, 2019: 255)

이처럼 작은 공동체에서는 구성원들이 다양한 직업에 종사하며 자유를 누리거나 여가를 찾을 수 없다. 공동생활을 하는 것은 결국 개인의 자유를 도와주는 것이지 침해하는 것은 아니다. 또 다른 한편, 우리가 추구하는 공동체는 종교적 열성과 엄격한 도덕률에 기반하는 공동체를 의미하지도 않는다. 공동체의 설립자들이 "인류의 선구자"나 "위대한 이상의 개척자"가 되어 구성원들에게 "고귀하고 엄격한 도덕률들에 복종하고, 공동체 생활을 통해 '갱생하고', 마지막으로 모든 시간을 공동체에 바치기로 그리고 공동체를 위해서만 살기로 결심"(크로포트킨, 2019: 254)하도록 강요하는 것은 대부분의 사람에게 과도하고 불필요한 것을 요구하는 것이므로 실패할 수밖에 없다. 엄격한 도덕률이나 종교적 계율이 개인에게 헌신을 강요할 수 있을지라도 장기간 공동체를 유지하게 할 수는 없다.

결국 우리가 추구하는 유토피아는 경직된 공동체의 폐쇄성이 아니라 자유로운 공동체들의 연합을 꿈꾸는 연방주의 형태의 사회이다. 이것은 달리 말해 풀뿌리민주주의의 연방주의 형태로서, 분권을 통해 지역의 자율성을 확보하고 그런 지역 간의 네트워크를 구성하며 궁극적으로 국제적인 형태의 네트워크를 건설하는 사회이다. 이런 방향과 관점에서 우리는 인간을 공경할 뿐 아니라 모든 생물도 공경하는 평화로운 소규모 자율적 생태공동체들과 그 공동체들의 네트워크로서 새로운 사회를 구현할 수 있다. 여기서 생태주의와 아나키즘의 관계를 본격적으로 거론하는 북친은 대안 사회(공동체)와 기술을 모색하는 데 많은 시사점을 준다. 그는 아나키즘이 강조하는 자유로운 발전, 자율성, 다양성, 탈집중화 등과 같은 개념을 생태주의 이념에 반영하여, 자본주의적 국가

자연과 공생하는 유토피아

와 위계질서, 부의 집중, 중앙집중화 등은 개인과 공동체의 발전과 다양성을 저해하고 생태계를 파괴하는 주범이라고 역설한다. 특히 국가에 의한 중앙집권제 및 자본주의를 강하게 비판하면서 "억압적인 산업자본주의의 세계를 반위계적인 사회관계에 근거한 탈중심적-민주적 공동체로 변형"(Bookchin, 1990: 155)하기 위해 연방 형태의 정치체제를 제시하며, 탈중심적 사회 건설을 통해서만 생태적 지속성이 가능하고 자연도 자유롭게 된다고 주장한다.

> '자유로운 자연'이 확보되려면 도시들이 탈중심화되어 주변 자연환경에 최적화된 공동체들의 연방으로 바뀌어야 한다. 상보성의 윤리에 따라, 각종 친환경 기술은 물론이고, 태양, 풍력, 메탄과 같은 재생 가능한 에너지 자원들, 유기농, 그리고 인간적 규모로 설계되고 연방 공동체들의 지역적 수요에 맞게 설계된 다용도 산업 시설 등, 이런 여러 가지가 생태적으로 건강한 세계를 형성하는데 모두 동원되어야 한다.(북친, 2012: 60)

이러한 맥락에서 그는 자연과 동반자적 관계를 강조하는 블로흐처럼 태양 또는 풍력 에너지 같은 친환경적 테크놀로지를 사용하는 '코뮌주의적 생태공동체'를 대안 사회의 모델로서 제시하고 있다. 코뮌주의적 공동체는 사실 생산과 소비가 밀접히 결합하는 장소이므로 거기서는 인간의 과도한 자연 파괴나 낭비 없이 자원

소규모 자율적 생태공동체, 한국의 <선애빌 마을>과 미국의 <아미쉬 마을>

자연과 공생하는 유토피아

문제가 잘 해결될 수 있는 것이다. 따라서 북친은 친환경적인 삶이 유지되는 코뮌주의적 공동체와 그 연방 형태를 지속 가능한 정치체제로 간주한다.

결론적으로 말해서 정치의 분권화와 자급자족의 경제 체제를 가진 지역사회(공동체)는 폐쇄된 것이 아니라 서로 느슨하게 연대하는 열린 지역사회일 필요가 있으며, 이런 연방형태의 자치적 지역사회의 실현이야말로 국가에 의한 지방의 식민지화는 물론이고, 인간과 인간 그리고 인간과 자연 사이의 지배도 극복하며 서로 공생할 수 있는 지속 가능한 유토피아일 것이다. 여기서 우리는 이런 아나키즘적 특성을 지닌 생태사회 모델이 현실적으로 세계를 지배하는 자본과 국가의 권력을 어떻게 해체하고 대안적 생태사회를 구성할 것인가에 대한 **구체적 전략**을 제시하지 않는다고 비판할 수 있지만, 원리적으로는 그것이 국가 주도의 산업체제가 초래하는 생태위기를 극복할 **근본적 대안**임을 인정해야 할 것이다. 이러한 의미에서 우리는 노자가 『도덕경』 끝부분인 제80장에서 구성원들이 최대한 작은 것을 지향하며 자연과 더불어 소박하게 살아가는, 즉 '소국과민(小國寡民)'의 세계를 대안적 유토피아로 제시하고 있음을 상기할 필요가 있다. 우리에게 자본주의와 산업주의를 넘어서는 이런 생태유토피아 실현은 너무 오래 걸리고, 또 험난한 여정으로 보인다. 그렇기에 이것은 "모든 고귀한 것은 드물고도 힘들다(Sed omnia praeclara tam difficilia, quam rara sunt)"(Spinoza, 1990: 700)는 격언처럼 더욱 가치 있고 고귀한 이상으로 여겨진다.

그리스 신화에서 판도라가 호기심으로 열어 본 상자에서 인간세계에 재앙을 불러오는 온갖 고통과 악들이 나오는 것을 보고 그것을 급히 닫았을 때, 그 안에 남겨진 '희망'은 오늘날 우리에게 무엇을 의미하는가? 이것은 인류의 생존을 위협하는 생태위기의 고난 속에서도 인간에게 삶의 방향을 바꾸는 근본적인 성찰이 아직 가능함을 암시한다. 이 희망은 '지역성에 근거한 소규모 자율적 생태공동체'라는 생태유토피아로 가는 데 징검다리 역할을 할 수 있을 것이다. 그러면 이제 생태유토피아로 가는 긴 여정을 용기를 갖고서 출발해 보자. 험난하고 좁은 길을 올라가는 노고를 겁내지 않는 사람만이 인류와 지구의 미래를 밝히는 정상에 도달할 수 있을 것이다. 노신(魯迅)의 말처럼 "본래 땅 위에는 길이 없었다. 걸어가는 사람이 많아지면 그것이 곧 길이 되는 것이다."

자연과 공생하는 유토피아

■ **북친**(Murray Bookchin, 1921~2006)

뉴욕에서 러시아계 유대인 이민자의 후손으로 태어난 생태사상가
이자 생태-코뮌주의 운동가. 그는 10대에 유니언 스퀘어 근처의 노동
자 학교에서 마르크스주의를 공부했고, 20대 초에 주물공장에서 일하
며 노동조합 조직가로 활동하였다. 1930년대 후반에 스페인 내전을 계
기로 스탈린식 공산주의에 환멸을 느낀 후, 평생 '아나코-공산주의'(자
유지상적 공산주의) 성향의 활동과 저술에 전념했다. 1950년대에 노동착
취에 더하여 생태파괴의 심각성을 고발하였고, 1960년대부터 인간의
자연 지배는 인간사회의 지배구조에서 비롯된다는 '사회생태주의'(생
태아나키즘)를 제창하였다. 1962년 루이스 허버라는 가명으로 출판한
『우리의 종합적 환경』 이후 사회에 존재하는 위계구조와 환경문제의
연관성을 날카롭게 지적하며 사회적 공정성의 중요성을 강조함으로
써, 그의 사상은 동시대 생태사상과는 다른 특징을 지닌다.

주저 『자유의 생태학』(1982), 『사회의 재구성』(1990), 『사회생태론의
철학』(1990) 등에서 북친은 사회에 존재하는 다양한 위계질서 가운데
특히 국가와 시장을 비판하고, 이를 극복하는 것이 환경문제 해결에 절
실히 필요하다고 역설한다. 그리하여 분권화되고 자급이 가능한 지역
공동체의 느슨한 연합을 기반으로 생태적이고 인간 자유를 실현할 대
안 사회가 건설될 수 있다고 주장한다.

■ **크로포트킨**(Pyotr Alekseyevich Kropotkin, 1842~1921)

러시아 귀족 출신의 과학자, 지리학자, 사회사상가, 아나키즘 운동가. 청년 시절 시베리아에서 육군 장교로 근무하는 동안 지리학적 탐사를 통해 중요한 연구를 발표했다. 지리학, 동물학, 사회학, 역사학 등 다양한 분야에서 명성을 얻었지만, 세속적인 출세의 길을 버리고 혁명가의 길을 선택했으며, 귀족 세습권도 포기하고 사회정의를 실현하기 위해 평생을 바쳤다. 바쿠닌 이후 19세기 러시아 아나키즘을 대표한 인물로서, 30여 년의 망명 생활 동안 아나키즘 운동에 큰 발자취를 남겼다. 또한 그는 사유재산과 불평등한 소득 대신 물자와 용역의 무상분배가 이루어지는 '아나코-공산주의' 이론을 정립했으며, 당시 유럽에서 널리 인정받던 스펜서의 적자생존론에 반기를 들고 "모든 만물은 서로 돕는다"는 '상호부조론'을 발표해 큰 주목을 받았다.

그의 사상은 20세기 초반 동아시아의 반제국주의 아나키스트와 독립운동가들에게 많은 영향을 주었고, 특히 신채호가 독립운동 방향을 민족주의에서 아나키즘 노선으로 바꾸는데 결정적인 계기가 되었다. 또한 자본주의와 권위주의에 대항하는 그의 지역 분권형 사회 구상은 보일과 북친 등 20세기 생태사상에 영향을 주었다. 주저에는 『빵의 쟁취』(1892), 『전원, 공장, 작업장』(1898), 『한 혁명가의 회상』(1899), 『상호부조론』(1902) 등이 있다.

자연과 공생하는 유토피아

주석

01 권정임, 「근대성에 대한 생태적 비판: 초기 계몽주의의 사회형성론 및 자연지배이데
    올로기를 중심으로」, 『시대와 철학』 제18권 2호, 한국철학사상연구회, 2007, 129쪽
    참조.

02 캐롤린 머천트, 『래디컬 에콜리지』, 허남혁 옮김, 이후, 2007, 89쪽 참조.

03 이러한 사유 방식은 독일의 사상가 카를 하인리히 마르크스(Karl Heinrich Marx)를
    거쳐 블로흐에 계승된다. 마르크스는 셸링 자연철학의 문제 제기를 수용하여 인
    간과 자연 관계를 변증법적으로 규정하면서 양자의 통일을 추구한다. 특히 『경제-
    철학 수고』에서 제시되는 "인간주의(Humananismus)"와 "자연주의(Naturalismus)"의
    동일시는 인간과 자연의 화해를 드러낸다(K. Marx, *Ökonomisch-philosophische
    Manuskripte aus dem Jahre 1844*(Marx-Engels-Werke, Ergänzungsband I), Berlin 1974,
    536쪽 이하 참조]. 그리고 블로흐는 무엇보다도 셸링의 주체로서 자연 개념을 적극
    적으로 수용하면서, 자연 주체를 셸링처럼 "산출하는 자연(natura naturans)"이라는 개
    념을 가지고 설명한다.

04 여기서 주체의 활동성은 자연에 원리를 부여하는 활동이 아니라, 자연의 원리를 드
    러내는 활동을 의미한다. 이런 생각은 마치 미켈란젤로가 조각가를 '돌 속에 있는 형
    상을 쪼아내어 드러내는 자'라고 말한 것과 상통한다. 아마도 자연은 매개자인 인간
    에게 그 자신을 드러내게 시키는지도 모른다. 이는 또한 김지하가 자신의 저서 『흰
    그늘의 미학을 찾아서』에서 인간의 삶이 신명(神明)을 드러내는 활동이라고 규정한
    것과 맥락이 통한다.

05 H. Krings, "Natur als Subjekt. Ein Grundzug der spekulativen Physik Schellings",
    in: R. Heckmann/H. Krings/R. W. Meyer (Hrsg.), *Natur und Subjektivität. Zur
    Auseinandersetzung mit der Naturphilosophie des jungen Schelling*, Stuttgart-Bad
    Cannstatt 1985, 118쪽 참조.

06 I. Prigogine/I. Stengers, *Dialog mit der Natur. Neue Wege naturwissenschaftlichen
    Denkens*, München 1986, 291쪽 참조.

07 인드라망은 인드라(Indra, 帝釋天)가 살고 있는 삼십삼천(三十三天) 또는 도리천(忉利天)
    세계의 하늘을 뒤덮고 있는 그물을 지칭하는 것으로, 모든 그물의 매듭에는 구슬이
    달려 있고 그 구슬에는 사바세계 전체가 비추어진다고 한다. 그물 매듭의 구슬들이
    세계 전체를 비출 수 있는 이유는 세계의 모두가 하나의 그물처럼 서로가 연결되어

있으며, 부분이 전체이고 전체가 부분인 세계로서 존재하기 때문이다. 인드라망을 통해 설명되는 상호연관성의 원리는 불교철학에서 연기설로 표현되며, 이는 오늘날 생태학적 관점에서 유기체적-전체론적 자연관의 모형으로 볼 수 있다.

08 여기서 '유기체적 자연관'이라는 통상적인 용어 대신에 '유기체적-전체론적 자연관'이라는 표현을 사용하는 이유는 자연을 인간이 그 속에 포함된 전체로 간주하고, 또 스스로 생성·발전하는 자연 전체의 유기적 연결을 강조하는 셸링 자연철학의 특징을 잘 드러내기 위해서다.

09 이러한 순환적인 인과형태의 생성은 자기조직화 이념의 단서를 제공한다. 셸링의 자기재생산 개념, 달리 말해 자기조직화 개념은 현대의 자기조직화 개념과 거의 일치한다. 두 개념이 패러다임 상으로 생명의 생성에 관련되어 있다는 점에서, 셸링은 오늘날 자기조직화 사유의 선구자로 간주될 수 있다(Marie-Luise Heuser-Keßler, *Die Produktivität der Natur. Schellings Naturphilosophie und das neue Paradigma der Selbstorganisation in den Naturwissenschaften*, Berlin 1986 참조).

10 셸링에 따르면 자연과 신은 서로 **분리**될 수 없지만 그래도 **구분**되는 존재이다. 그는 신의 근거 또는 토대로서의 자연을 신의 실존적 존재와 구분한다. 실존의 근거(자연)와 실존(신)은 서로를 전제하는 관계이기 때문에, 근거 없는 실존이 불가능하듯이 실존 없는 근거 역시 불가능하다고 한다. 여기서 신의 존재가 관념적인 것이라면, 신의 근거로서 자연은 실재적인 것이다(SW I/7, 357쪽 이하 참조).

11 헤겔과 비교해 셸링이 마르크스에 미친 영향은 거의 주목받고 있지 않지만, 셸링의 자연철학은 마르크스가 철학의 기초를 수립하는 데 깊은 영향을 끼쳤다고 할 수 있다. 그의 영향은 마르크스의 박사논문인 『데모크리토스 자연철학과 에피쿠로스 자연철학의 차이』에서 분명히 나타나는데, 에피쿠로스에서 논의되는 자유와 자연의 변증법은 셸링 자연철학의 근본문제를 시사한다. 이런 맥락에서 절대자로부터 출발하여 자연을 거쳐 역사로 진행하는 마르크스 작업의 전체적 문제설정과 성향은 셸링 철학의 정신으로 충만해 있다(Wolfdietrich Schmied-Kowarzik, *Das dialektische Verhältnis des Menschen zur Natur. Philosophische Studien zu Marx und zum westlichen Marxismus*, Freiburg/München 2018, 62쪽 참조).

12 네스는 이기적 특성을 지닌 개인의 차원에 국한된 '소자아(self)'와 후천적으로 공감에 기초한 심리학적 확장의 결과물로서 자연 전체로 확대된 '대자아(Self)'를 구분한다. 여기서 대자아는 형이상학적 전체론 차원의 개념으로서 개체에 국한되지 않는 자연생태계 전반을 포괄하는 자아를 의미한다. 그는 자신의 '확대자기실현론'에 따라 생태철학의 궁극적 규범 차원에서 '소자아 실현(self-realization)'이 아니라, 인간을 넘어 모든 자연과의 일체화를 추구하는 '대자아 실현(Self-realization)'을 역설한다[Arne

Naess, *Ecology, Community, and Lifestyle: Outline of an Ecosophy*, translated and revised by David Rothenberg, Cambridge 1989, 제7장 참조].

13 장회익, 『물질, 생명, 인간 - 그 통합적 이해의 가능성』, 돌베개, 2009, 192쪽. 이 개념 은 그가 세 층위로 설명하는 '개인으로서의 나'와 '함께 사는 사람들로서의 우리'를 넘 어서 있는 '온생명으로서의 우리'를 간단히 줄여 지칭한 것이다.

14 에머슨은 우주에 개인의 영혼을 초월하는 보편적인 '초영혼'이 존재한다고 주장한 다. 개인은 각자 완전한 영혼을 지닌 채 독립적으로 존재하는 것이 아니라, 보편정 신이라 할 수 있는 초영혼과 더불어 초영혼에 의해 존재한다는 것이다. 이와 같이 우 주에 생명을 부여하며 모든 영혼의 근원이 되는 초영혼 사상은 그의 처녀작 『자연 (Nature)』에 잘 나타나 있다(랄프 왈도 에머슨, 『자연』, 서동석 옮김, 은행나무, 2014 참조).

15 고창택, 『환경철학에서 생태정책까지』, 이학사, 2005, 184쪽 이하 참조.

16 블로흐는 『희망의 원리』에서 제휴기술의 전형적인 예를 구체적으로 명시하지는 않 는다. 그러나 우리는 제휴기술의 적절한 예를 알맞은 공간 배치를 통해 자연의 암호 와 인간의 목적을 조화롭게 연결하는 정원조성술(庭園造成術)에서 찾을 수 있다. 정원 을 가꾸는 일에서 사람은 자연과 조화롭게 살아가는 기술을 배우고 익힌다. 정원사 는 정원을 가꿀 때 나무와 덤불을 자기가 원하는 형태로 만들기 위해 구부리고 비틀 어 버릴 단순한 재료로 보지 않는다. 그는 나무와 덤불이라는 자연의 잠재력을 알고 있으며 그것에 경외감을 가진 채 자기가 생각하는 미적 기준에 따라 자연의 내재적 인 속성을 유도해 나가는 것이다.

17 마르틴 하이데거, 「기술에 대한 물음」, 『강연과 논문』, 이기상·신상희·박찬국 옮김, 이학사, 2008, 45쪽 이하 참조.

18 J. Habermas, "Ernst Bloch. Ein Marxistischer Schelling (1960)", in: Ders., *Philosophisch-politische Profile*, Frankfurt/M 1984, 156쪽 이하 참조.

19 한스 요나스, 『책임의 원칙: 기술 시대의 생태학적 윤리』, 이진우 옮김, 서광사, 1994 참조.

20 하승우, 『풀뿌리민주주의와 아나키즘』, 이매진, 2014, 159쪽 이하 참조

21 이시재·구도완·오용선 외, 『생태사회적 발전의 현장과 이론』, 아르케, 2010, 495쪽 이하 참조

22 정규호, 「생태적 (지역)공동체운동의 의미와 역할 및 과제」, 『경제와 사회』 제78호, 비판사회학회, 2008, 64쪽 참조.

참고문헌

국내문헌

고창택(2005), 『환경철학에서 생태정책까지』, 이학사.

공 　자(2019), 『논어』, 김원중 옮김, 휴머니스트.

권정임(2007), 「근대성에 대한 생태적 비판: 초기 계몽주의의 사회형성론 및 자연지배이데올로기를 중심으로」, 『시대의 철학』 제18권 2호, 한국철학사상연구회, 117-152쪽.

김지하(2005), 『흰 그늘의 미학을 찾아서』, 실천문학사.

김종철(1993), 『녹색평론선집 1』, 녹색평론사.

_____(2007), '책을 내면서', 『녹색평론』 제96호, 녹색평론사, 2-8쪽

노르베리 호지, 헬레나(2018), 『로컬의 미래』, 최요한 옮김, 남해의봄날.

데카르트, 르네(1997a), 『방법서설』, 이현복 옮김, 문예출판사.

_____(1997b), 『성찰』, 이현복 옮김, 문예출판사.

_____(2002), 『철학의 원리』, 원석영 옮김, 아카넷.

마수미, 브라이언(2016), 『가상과 사건: 활동주의 철학과 사건발생적 예술』, 정유경 옮김, 갈무리.

머천트, 캐롤린(2007), 『래디컬 에콜리지』, 허남혁 옮김, 이후.

베이컨, 프랜시스(2001), 『신기관: 자연의 해석과 인간의 자연 지배에 관한 잠언』, 진석용 옮김, 한길사.

_____(2002a), 『새로운 아틀란티스』, 김종갑 옮김, 에코리브로.

_____(2002b), 『학문의 진보』, 이종흡 옮김, 아카넷.

북친, 머레이(2012), 『머레이 북친의 사회적 생태론과 코뮌주의』, 서유석 옮김, 메이데이.

스콧, 제임스 C.(2010), 『국가처럼 보기: 왜 국가는 계획에 실패하는가』, 전상인 옮김, 에코리브로.

에머슨, 랄프 왈도(2014), 『자연』, 서동석 옮김, 은행나무.

요나스, 한스(1994), 『책임의 원칙: 기술 시대의 생태학적 윤리』, 이진우 옮김, 서광사.

_____(2001), 『생명의 원리: 철학적 생물학을 위한 접근』, 한정선 옮김, 아카넷.

이시재·구도완·오용선 외(2010), 『생태사회적 발전의 현장과 이론』, 아르케.

장회익(2009), 『물질, 생명, 인간 - 그 통합적 이해의 가능성』, 돌베개.

정규호(2008), 「생태적 (지역)공동체운동의 의미와 역할 및 과제」, 『경제와 사회』 제78호, 비판사회학회, 57-82쪽.

장재(2002), 『정몽』, 장윤수 옮김, 책세상.

조명래(2006), 『개발정치와 녹색진보』, 환경과생명.

카프라, 프리초프(1999), 『생명의 그물』, 김용정·김동광 옮김, 범양사 출판부.

크로포트킨, 표트르(2005), 『만물은 서로 돕는다』, 김영범 옮김, 르네상스.

_____(2019), 『아나키즘』, 백용식 옮김, 충북대학교 출판부.

프란치스코 교황(2015), 『찬미받으소서: 프란치스코 교황 회칙』, 한국천주교주교회의 옮김, 한국천주교주교회의. (= https://fhew.org/category/prayer)

하승우(2014), 『풀뿌리민주주의와 아나키즘』, 이매진.

하이데거, 마르틴(2008), 「기술에 대한 물음」, 『강연과 논문』, 이기상·신상희·박찬국 옮김, 이학사, 9-49쪽.

『성경전서』(2003), 개역개정판, 대한성서공회.

국외문헌

Bacon, Francis(1966), "The Masculine Birth of Time", in: *The Philosophy of Francis Bacon*, ed. and trans. by Benjamin Farrington, Chicago.

Bookchin, Murray(1980), *Toward an Ecological Society*, Montreal.

_____(1990), *Remaking Society: Pathways to a Green Future*, Boston.

Bloch, Ernst(1977), *Das Prinzip Hoffnung*, Frankfurt/M.

Cho, Y.-J.(2008), *Natur als Subjekt. Schellings Naturphilosophie und ihre ökologische Bedeutung*, Saarbrücken.

Habermas, Jürgen(1984), "Ernst Bloch. Ein Marxistischer Schelling (1960)", in: *Philosophisch-politische Profile*, Frankfurt/M.

Heuser-Keßler, Marie-Luise(1986), *Die Produktivität der Natur. Schellings Naturphilosophie und das neue Paradigma der Selbstorganisation in den Naturwissenschaften*, Berlin.

Krings, Hermann(1985), "Natur als Subjekt. Ein Grundzug der spekulativen Physik Schellings", in: R.Heckmann/H.Krings/R.W.Meyer(Hrsg.), *Natur und Subjektivität. Zur Auseinandersetzung mit der Naturphilosophie des jungen Schelling*, Stuttgart-Bad Cannstatt.

Marx, Karl Heinrich(1974), *Ökonomisch-philosophische Manuskripte aus dem Jahre 1844* (Marx-Engels-Werke, Ergänzungsband I), Berlin.

Naess, Arne(1989), *Ecology, Community, and Lifestyle: Outline of an Ecosophy*, translated and revised by David Rothenberg, Cambridge.

Prigogine, Ilya/Stengers, Isabelle(1986), *Dialog mit der Natur. Neue Wege naturwissenschaftlichen Denkens*, München .

Schelling, Friedrich Wilhelm Joseph, Sämmtliche Werke, hrsg. von K. F. A. Schelling, I. Abteilung: 1-10 Bände, II. Abteilung: 1-4 Bände, Stuttgart/Augsburg, 1856-1861 (= SW).

_____, *Ideen zu einer Philosophie der Natur als Einleitung in das Studium dieser Wissenschaft* (SW I/2, 1-343).

_____, *Von der Weltseele, eine Hypothese der höheren Physik zur Erklärung des allgemeinen Organismus* (SW I/2, 345-583).

_____, *Erster Entwurf eines Systems der Naturphilosophie* (SW I/3, 1-268).

_____, *Einleitung zu dem Entwurf eines Systems der Naturphilosophie oder über den Begriff der spekulativen Physik und die innere Organisation eines Systems dieser Wissenschaft* (SW I/3, 269-326).

_____, *Über den wahren Begriff der Naturphilosophie und die richtige Art ihre Probleme aufzulösen* (SW I/4, 79-103)

_____, *Über das Verhältnis der Naturphilosophie zur Philosophie überhaupt* (SW I/5,106-124)

_____, *System der gesammten Philosophie und der Naturphilosophie insbesondere*

[=Würzburger Vorlesungen] (SW I/6, 131-576)

_____, *Darlegung des wahren Verhältnisses der Naturphilosophie zu der verbesserten Fichteschen Lehre* (SW I/7, 1-126).

_____, *Philosophische Untersuchungen über das Wesen der menschlichen Freiheit und die damit zusammenhängenden Gegenstände* (SW I/7, 331-416).

_____, *Über das Wesen deutscher Wissenschaft* (SW I/8, 1-18).

Schmied-Kowarzik, Wolfdietrich(2018), *Das dialektische Verhältnis des Menschen zur Natur. Philosophische Studien zu Marx und zum westlichen Marxismus*, Freiburg/München.

Spinoza, Baruch de(1990), *Die Ethik*. Lateinisch-Deutsch, übers. von J. Stern, Stuttgart.

용어 해설

■ 가이아 가설(Gaia hypothesis)

영국의 화학자이자 대기과학자 러브록이 창시하고 미국의 미생물학자 마굴리스가 지지한 이론으로, 지구는 세포조직으로 이루어진 하나의 생명체처럼 유기적으로 연결되어 있다는 가설이다. 러브록은 모든 생물, 대기권, 대양, 토양을 포함하는 것으로서, 능동적이고 살아 있는 지구를 그리스 신화에 등장하는 대지의 여신의 이름을 빌려 '가이아'라고 명명하였다. 이 가설에 따르면, 지구는 단순히 기체에 둘러싸인 암석 덩이가 아니라, 생물과 무생물(대기권, 대양 등 무기적 자연)이 상호작용하면서 스스로 진화하는 하나의 생명체(유기적 통일체)로서 자동조절장치를 통해 항상성(homeostasis)을 유지한다. 인간도 이러한 통일체인 가이아의 일원으로서 지구 환경과 운명을 공유하고 있으며, 이 점에서 그들은 인류의 경제활동 등으로 인한 급격한 기후 변화가 생물과 인간 문명에 중대한 영향을 미칠 것이라고 경고한다.

■ 관념론[觀念論, (독)Idealismus, (영)idealism]

인간이 관계를 맺고 있는 세계(자연, 사회)의 본질과 그 성립에 대해 무엇이 원리인지를 규명하는 것은 세계관의 문제이다. 여기서 관념적인 것, 즉 의식이나 정신이 물질적인 것에 우선하는 것으로서 세계의 근본 원리가 된다고 주장하는 형이상학적 입장을 관념론이라 부른다. 세계의 근저에서 이데아의 지배를 발견한 플라톤의 학설이나 세계사를 이념의 현실화로 보는 헤겔의 철학 등은 관념론의 전형이다. 또 일체 존재를 초월적 존재자(신)에 의한 창조로 설명하는 종교와 "존재한다는 것은 지각된 것"이라는 버클리의 경험론 철학도 관념론이라 할 수 있다.

■ 기체(基體, Substrat)

그리스어 'hypokeimenon'(밑에 가로놓인다), 라틴어 'substratum' 또는 'subiectum'(근저에 있는 것)에서 유래한 용어로서, 물질의 성질이나 상태의 토대로서 그것을 받쳐 주고 있는 것을 말한다. 셸링은 자연철학에서 활동의 기체로서 고정된 주체나 객체를 부정한다. 즉 그는 생산물을 무한한 생산성의 역동적 구조로 환원하기 때문에 자연에서 기체의 개념을 제거한다. 예를 들어 물질적 존재는 고정적 실체로서 이미 있는 것이 아니라, 역동적 과정에서 생성된다는 것이다. 따라서 셸링은 존재 자체를 시간과 독립된 불변의 실체가 아니라 시간의 흐름 속에서 생성되는 과정적인 것으로 파악한다.

■ 로마클럽(The Club of Roma)

로마클럽은 닥쳐오는 인류의 위기를 타개할 목적으로 세계의 과학자와 경제학자들이 1968년 로마에서 회합한 것을 계기로 1970년 설립된 정치적 목적에서 자유로운 비영리 민간단체이다. 로마클럽을 주도한 사람은 페체이(A. Peccei)다. 1970년 공표된 최초의 보고서『성장의 한계』(메도우즈 외, 1972)는 경제성장, 자원 소비, 인구 증가, 식량 증가, 환경오염이 기하급수적으로 증가함으로써 경제성장도, 지구의 용량도 100년 이내에 한계에 도달할 것이라고 지적해 세계에 큰 충격을 주었다. 일부에서는『성장의 한계』를 '자원의 유한성' 문제로 받아들이는 경향이 강했지만, 이 보고서는 지구 환경의 위기 상황에 대해 심각한 메시지를 보냈다.『성장의 한계』이후에도 로마클럽은 매년 보고서를 발표하고 있다. 1976년 제4차 보고서『낭비의 시대를 넘어서』(가볼 외, 1979), 1992년 지구정상회의 직전에는 제19차 보고서『제1차 지구 혁명』(킹 슈나이더, 1992)이 공표되었다.

■ 물자체[物自體, (독)Ding an sich, (영)thing in itself]

이 개념은 칸트에서 여러 의미로 사용되지만, 기본적으로는 인간의 의식 밖에 인식 주체와 관계없이 그 자체로 존재하는 사물 또는 객관적 실재를 가리킨다. 칸트는 물자체를 생각할 수는 있지만, 인식할 수는 없다고 주장한다. 왜냐하면 물자체는 인간의 인식 조건(감성과 지성의 결합)에 의해 규정되는 존재인 현상(phenomenon)과는 달리, 인식 조건에 의해 규정될 수 없는 존재(경험적 세계를 초월하는 것)를 의미하기 때문이다. 그는『순수이성비판』에서 "우리에게 사물은 우리 밖에 존재하며 우리 감각의 대상으로 주어지지만, 우리는 그 사물 자체가 무엇인지에 관해 전혀 알지 못하며 단지 그 사물의 현상만을 알 뿐이다"고 말한다.

■ 선험적(transzendental)/선험철학(Transzendentalphilosophie)

'선험적'은 대상과 관계하는 경험적 인식과는 달리, 대상에 선행하면서도 대상에 대한 인식이 선천적으로 가능함을 뜻하는 칸트가 정립한 용어이다. 그는 이를 "대상이 아닌 대상에 관한 인식 방법, 더욱이 선천적으로 가능한 인식 방법을 다루는 모든 인식"이라 정의한다. 그리고 학문적으로 확실한 인식으로서, 경험을 가능케 하는 의식의 근본적 구조를 드러내는 것과 함께 그 한계를 확정하는 철학을 '선험철학'이라 부른다. 이런 의미를 수용하여 셸링은 자연철학과는 달리 의식 또는 정신의 원리를 전개하는 철학 분야를 선험철학이라 규정한다.

■ 실재론[實在論, (독)Realismus, (영)realism]

의식이나 정신의 주관적 인식 작용과 독립하여 외부에 객관적으로 존재하는 실체(實體), 즉 실제적 존재가 있다는 형이상학적 입장이다. 의식 외부에 만물의 근원인 물질이 존재한다고 주장하는 유물론은 실재론의 일종이다. 실재론은 의식에서 독립하여 존재하는 것을 무엇으로 보느냐에 따라 근본적으로 '본성 실재론'과 '사물 실재론'으로 나뉜다. 독립적으로 존재하는 것이 본성 실재론에서는 사물 세계와는 구별되는 어떤 존재임에 비하여, 사물 실재론에서는 감각적으로 경험하는 구체적·개별적 대상이다.

■ 아나키즘(anarchism)

정치적, 경제적, 사회적 위계질서가 없는 사회를 꿈꾸는 사상이나 운동. 한자 문화권에서 흔히 '무정부주의'로 번역되어 통용됐으나, 의미상으로는 '반강권주의', '반권위주의', '무권위주의'가 적절하다. 아나키스트들은 '개인의 자유' 또는 '자율성'을 최고의 가치로 간주하며, 지배자가 없는 상태(anarchy)로서의 사회 제도가 실행 가능하다고 주장한다. 이의 실현 방안으로서 그들은 인간과 인간 및 인간과 자연 간의 상호부조에 기반한 '생태공동체', 연방주의와 세계주의에 입각해 지역의 자치와 연대를 지향하는 '지역사회공동체', 개개인의 자율성을 최대한 보장하는 자유연합의 네트워크로 구성되는 '자주관리공동체'를 추구한다. 20세기 생태사상에서 아나키즘의 영향은 북친의 '사회생태주의' 또는 버그, 다스만, 세일 등의 '생명지역주의(bioregionalism)' 등에서 발견된다.

■ 역학(Mechanik)/동역학(Dynamik)

역학은 고대 이래 물체들 사이에서 작용하는 힘과 운동의 관계를 연구하는 물리학의 한 분야로, 물체의 정지와 평형 상태를 다루는 정역학(Statik)과 물체의 운동 상태를 다루는 동역학으로 나뉜다. 그러나 근대 동역학의 발전에 따라 정역학도 동역학에 포함되고, 동역학 또한 기계장치의 응용 측면이 확대됨에 따라 역학으로 불리기도 한다. 셸링 자연철학의 근본 입장인 동역학은 물질의 성질과 운동을 물질에 내재하는 힘으로 환원하여 설명함으로써, 물질에 고유한 힘을 인정하지 않는 역학, 즉 데카르트적 기계론(Mechanismus)을 비판한다. 따라서 그는 자연을 기계적이 아니라 역동적인 체계로 고찰한다.

■ 유물론[唯物論, (독)Materialismus, (영)materialism]

세계관의 문제에서 객관적으로 존재하는 물질적인 것이 세계의 근본 원리이고, 의식이나 정신은 물질의 작용 또는 산물이라고 주장하는 형이상학적 입장이다. 유물론은 관념론과 달리 세계는 물질적인 것으로 구성되어 있고, 물질 자체가 운동의 원리와 법칙성을 가진다고 주장한다. 18세기 프랑스 디드로, 라메뜨리, 돌바크 등의 '기계적 유물론', 19세기 독일 포이에르바흐의 '인간학적 유물론', 마르크스의 '유물사관'은 유물론의 전형이다. 유물론은 현실 사회의 여러 문제를 실제적 관계와 논리로 설명하고, 특히 인간과 세계를 물질적 관계 속에서 파악하며, 현실 세계의 감성적 존재(자연물, 신체)를 가치 있는 것으로 긍정한다.

■ 절대자(das Absolute)

라틴어 'absolutum'(어떤 것으로부터 풀려 있는 것)에서 유래한 용어로서 일체의 제약연관에서 벗어나 있는 상태를 의미한다. 셸링은 이것을 '제약되어 있지 않은 것'이라는 점에서 야코비의 표현을 빌려 "무제약자(das Unbedingte)"로 표현하기도 한다. '절대자'는 셸링 철학일반의 중심원리이다. 그는 자신의 철학 전체를 일관되게 지배하는 무제약적 원리로서의 절대자를 선험철학에서는 '절대적 자아', 자연철학에서는 '무한한 활동성으로서의 자연', 동일철학에서는 '정신과 자연의 절대적 동일성', 후기 종교철학에서는 '신'으로 파악한다.

■ 지성(Verstand)/이성(Vernunft)

지성은 감각적인 내용에 대해 사유하는 것으로, 개념(범주)을 형성하고 이를 판단에 결합하는 능력이다. 감성이 감각기관을 매개로 하여 주어진 소재를 수용하는 반면에, 지성은 자발성에 근거한다. 그리고 이성은 감성이나 지성과 구별되는 것으로 감각적 내용이 없는 것, 즉 이념에 관계하는 고차원적 사유 능력을 말한다. 특히 셸링에서 이성은 주체와 객체, 정신과 자연의 대립을 넘어서 절대자를 사유하는 절대적 이성을 뜻한다.

■ 포텐츠(Potenz)

포텐츠는 하나의 상태에서 다른 상태로의 이행을 통해 어떤 것을 실현하는 내재적 힘, 능력, 또는 가능성을 함축하는 개념이다. 이것은 셸링 철학의 근본적인 개념으로 다의적이고 다양한 측면을 지니고 있다. 첫째, 라틴어 'potentia'의 의미에서 힘 또는 효력을 가리키는 역동적 측면, 둘째, 아리스토텔레스적 의미에서 현실태와 구분되는 가능태(잠재태)를 나타내는 양상적(modal) 측면, 셋째, 동일한 인수(因數)들의 거듭제곱을 의미하는 수학적 측면을 지닌다. 따라서 셸링은 포텐츠를 존재론적이고 방법적인 개념으로 사용한다. 이런 맥락에서 포텐츠 개념은 물질이라는 실체성을 힘으로 환원하는데, 자연현상을 계층화하고 각각 계층의 기체를 힘의 이중화, 삼중화로 나타내는데 적용된다(예를 들면, 동물이 식물보다 높은 포텐츠에 위치하듯이, 높은 단계는 고도의 차별화를 통해 낮은 단계를 반복한다). 한편, 포텐츠는 '전상(展相)'으로도 번역될 수 있다. 이것은 셸링의 후기 사상에서 절대자가 자기를 펼쳐 보이는 이념(형상)을 의미하며 개별적 현상들의 원상이 된다.

■ 환경주의(environmentalism)/생태주의(ecologism)

생태담론에서 '환경주의'와 '생태주의'를 개념적으로 구분하는 것이 필요하다. 환경주의가 기존의 정치·사회적 생활양식을 그대로 유지하면서 과학기술을 이용해 환경을 잘 관리하고 개선하면 환경문제를 해결할 수 있다고 보는 반면에, 생태주의는 합리주의, 시장 자본주의, 산업주의 등 근대적 기획에 근본적인 이의를 제기하며 환경문제와 관련된 정치·사회적 생활양식의 근본적인 변화를 요구한다. 또 환경주의가 인간중심주의를 견지하고 과학기술을 신뢰하는 낙관적 입장이라면, 생태주의는 인간뿐만 아니라 모든 생명체가 다 동일한 가치와 권리를 갖는다고 주장하며 과학기술의 오남용을 경계하는 비판적 입장을 취한다. 생태주의는 인간중심적 관점을 벗어나 모든 생명체가 서로 긴밀하게 연결되어 있다는 생태학적 인식을 갖고서 인간-자연-사회의 유기적 관계를 복합적인 관점에서 파악한다는 점에서 환경주의보다는 진일보한 사조라고 할 수 있다. 특히 환경정치학자 돕슨은 생태주의를 '환경(개량)주의'나 '자연보전주의'와 본질적으로 구분되는 진보적 이데올로기라고 강조한다.

경북대학교 인문교양총서